CRIAÇÃO DE MAIS-VALIA PARA OS CLIENTES.

CRIAÇÃO DE MAIS-VALIA PARA OS CLIENTES

Por: D.K. Hawkins
Versão 1.1 ~Novembro 2022
Publicado por D.K. Hawkins no KDP
Copyright ©2022 por D.K. Hawkins. Todos os direitos reservados.

Nenhuma parte desta publicação pode ser reproduzida, distribuída ou transmitida sob qualquer forma ou por qualquer meio, incluindo fotocópia, gravação ou outros métodos electrónicos ou mecânicos, ou por qualquer sistema de armazenamento ou recuperação de informação sem a prévia autorização escrita dos editores, excepto no caso de citações muito breves incorporadas em revisões críticas e certos outros usos não comerciais permitidos pela lei de direitos de autor.

Todos os direitos reservados, incluindo o direito de reprodução no todo ou em parte, sob qualquer forma.

Todas as informações contidas neste livro foram cuidadosamente pesquisadas e verificadas quanto à sua exactidão factual. Contudo, o autor e a editora não dão qualquer garantia, expressa ou implícita, de que a informação aqui contida é apropriada para cada indivíduo, situação ou finalidade e não assumem qualquer responsabilidade por erros ou omissões.

O leitor assume o risco e total responsabilidade por todas as acções. O autor não será considerado responsável por qualquer perda ou dano, seja consequente, incidental, especial ou não, que possa resultar da informação apresentada neste livro.

Todas as imagens são gratuitas para utilização ou adquiridas em sítios de fotografia de stock ou livres de royalties para utilização comercial. Confiei nas minhas próprias observações bem como em muitas fontes diferentes para este livro, e fiz o meu melhor para verificar os factos e dar crédito onde ele é devido. No caso de qualquer material ser utilizado sem a devida permissão, por favor contacte-me para que a omissão possa ser corrigida.

A informação fornecida neste livro é apenas para fins informativos e não pretende ser uma fonte de aconselhamento ou análise de crédito no que respeita ao material apresentado. As informações e/ou documentos contidos neste livro não constituem aconselhamento jurídico ou financeiro e nunca devem ser utilizados sem primeiro consultar um profissional financeiro para determinar o que pode ser melhor para as suas necessidades individuais.

A editora e o autor não fazem qualquer garantia ou outra promessa quanto a quaisquer resultados que possam ser obtidos com a utilização do conteúdo deste livro. Nunca deverá tomar qualquer decisão de investimento sem primeiro consultar o seu próprio consultor financeiro e realizar as suas próprias pesquisas e diligências. Na medida máxima permitida por lei, a editora e o autor declaram toda e qualquer responsabilidade no caso de quaisquer informações, comentários, análises, opiniões, conselhos e/ou recomendações contidas neste livro se revelarem inexactas, incompletas, ou não fiáveis ou resultarem em qualquer investimento ou outras perdas.

O conteúdo contido ou disponibilizado através deste livro não se destina e não constitui aconselhamento jurídico ou de investimento, e não é formada qualquer relação advogado-cliente. A editora e o autor fornecem este livro e o seu conteúdo numa base de "tal como está". A sua utilização das informações contidas neste livro é por sua conta e risco.

ÍNDICE.

ÍNDICE. 4
INTRODUÇÃO. 6
CAPÍTULO 1: VALOR DE COMPREENSÃO. 10
CAPÍTULO 2: CRIAR VALOR PARA O SEU CLIENTE. ...27
CAPÍTULO 3: IMPORTÂNCIA DA CRIAÇÃO DE VALOR. 33
CAPÍTULO 4: ESTRUTURA DE CRIAÇÃO DE VALOR. 41
CAPÍTULO 5: AVALIAÇÃO DA CRIAÇÃO DE VALOR. 50
CAPÍTULO 6: VALOR DE VENDA E COMO AFECTA O SEU PRODUTO. 62
CAPÍTULO 7: CRIAÇÃO DE OFERTAS IRRESISTÍVEIS QUE A ACÇÃO IMEDIATA E IMEDIATA É UM VALOR ACRESCENTADO. 67
CAPÍTULO 8: COMO ACOMPANHAR O VALOR DO CLIENTE AO LONGO DO TEMPO. 73
CAPÍTULO 9: PROPOSTAS DE VENDA ÚNICAS PARA O SEU NEGÓCIO EM TEMPOS DIFÍCEIS. 83
CAPÍTULO 10: COMO AUMENTAR A PERCEPÇÃO DO SEU VALOR POR PARTE DOS SEUS CLIENTES. 93
CAPÍTULO 11: PROMOVER SOBRE "BAIXO PREÇO" MAS "VALOR" É ESSENCIAL PARA O SUCESSO. 99
CAPÍTULO 12: COMO UM WEBSITE PODE AUMENTAR O VALOR DE UMA EMPRESA. 106
CAPÍTULO 13: ESTRATÉGIA E FOCO NO CLIENTE. 111

CAPÍTULO 14: FORMAS DE MELHORAR A EXPERIÊNCIA DOS SEUS CLIENTES. 118

CAPÍTULO 15: DICAS PARA ACRESCENTAR VALOR EXTRA AOS SEUS CLIENTES. 124

CONCLUSÃO. 130

INTRODUÇÃO.

Os clientes são algo que nunca se deve perder na condução dos negócios. Sem eles, não haveria empresa. Deve fazer todo o possível para estabelecer e manter uma relação agradável com eles.

Muitas coisas podem ser feitas para tornar isto uma realidade, mas muitas coisas não podem ser feitas para alcançar o mesmo resultado. Entre todas estas questões, o mais importante é a mais-valia.

Um dos piores erros que 99% das empresas cometem é permitir a entrada e saída de potenciais clientes sem considerar o seu valor para a segurança futura da empresa. Antes de obter esta resposta, é preciso determinar o valor do seu cliente.

Cada cliente irá comprar. Com que frequência durante o ano? Durante quanto tempo? Se não calcular estes números, não tem qualquer negócio, uma vez que lhe falta um activo significativo. O seu negócio carece de valor. Pode ter fluxo de caixa, e pode ter algum dinheiro, mas é principalmente um investimento a curto prazo.

Deve sempre considerar o que pode fazer pelos seus clientes. Se possuir alguma ganância, esta deve ser em nome do seu consumidor. Deseja combater a avareza dos seus clientes.

Que vantagens e benefícios pode acrescentar ao seu produto ou serviço para o tornar irresistível?

Retire algum papel e escreva as palavras: "Posso oferecer aos meus clientes" e "Posso oferecer aos meus clientes mais ou menos de quê? Posso oferecer aos meus clientes melhores o quê? Posso oferecer aos meus clientes o quê? Posso oferecer aos meus clientes menos ou mais o quê?" Qualquer outra coisa que possa conceber para oferecer aos seus clientes.

Depois, compare os seus talentos e capacidades actuais com os outros benefícios e características enumeradas e calcule o que pode custar fornecer estes serviços. Inclua as novas características e benefícios, o custo adicional, e uma discriminação dos componentes do custo. Tal é o custo do produto, expedição, cumprimento, mão-de-obra, inventário e armazenamento. Todos estes factores são considerados na realização de um exercício desta natureza.

Se operar um negócio baseado em serviços, exprima o outro custo relativamente ao tempo necessário para entregar a característica ou benefício adicional. Este tempo extra deve ser comparado com o tempo gasto a trabalhar para outra pessoa, oito horas por dia, cinco dias por semana, contra o tempo gasto a estudar como produzir dinheiro no seu negócio.

Pode trabalhar de forma mais inteligente, compreendendo como fazer o seu dinheiro trabalhar arduamente para si, tal como faz, fazendo com que o seu produto ou serviço trabalhe mais arduamente para si do que para si. Pode conseguir muito mais com menos esforço.

Se tratar todos como um VIP, eles construirão o seu negócio para si. Proporcionará o tempo e o serviço necessários para manter boas relações com os clientes. Da mesma forma, poderá passar menos tempo a adquirir novos clientes com uma empresa de serviços, se tratar os seus clientes actuais de forma diferente.

Lembre-se que embora o marketing possa ser realizado para o público, os seus clientes irão concentrar-se numa coisa de cada vez. Mesmo que esteja a fazer marketing para todo o mercado, deve tratar os seus clientes como indivíduos únicos.

CAPÍTULO 1: VALOR DE COMPREENSÃO.

O que é o valor?

O lucro é a diferença entre os seus custos e o preço que recebe no mercado por qualquer coisa. A rentabilidade depende do valor. A compreensão do valor pode fornecer uma riqueza de informação sobre como aumentar os lucros em qualquer empresa. Um método útil para considerar isto é:

Preço - Custo = Lucro.

Isto implica que grandes ganhos são sempre o resultado de uma compreensão profunda das despesas e dos preços, embora isto possa ser consideravelmente mais desafiante do que parece.

O lucro pode ser visto de forma diferente, mas é essencial compreender o papel do lucro na sociedade capitalista para compreender o conceito na sua totalidade. Num mercado livre, o objectivo do lucro é atrair pessoas e capital para actividades que beneficiam outros. Isto sugere que a maioria das organizações com preocupações de rentabilidade estão muito provavelmente a lidar com uma das seguintes questões:

1) Cálculo de custos.

2) Obtenção de clientes.

3) Controlo de custos.

4) Valor de produção.

Muitos empresários fixam-se no conceito de controlo de custos, que recebe consideravelmente mais atenção do que os méritos. Na maioria dos sectores, o custo não é a consideração mais essencial na escolha de compra do cliente, apesar da sua importância. As pessoas tendem a concentrar-se na redução de custos, uma vez que é simples. Esta é a abordagem incorrecta, se se quiser gerar enormes riquezas.

A chave para os lucros astronómicos.

Como pode ter previsto na frase anterior, os lucros insanos são apenas o resultado de fornecer um valor imenso a um grupo de consumidores ricos. Além disso, este último ponto relativo ao dispêndio de dinheiro é essencial.

Conheço indivíduos que construíram planos de negócios ambiciosos para clientes com pouco ou nenhum rendimento disponível, falhando devido à falta de fundos. Lembre-se do que Willie Sutton disse quando lhe perguntaram por que razão os assaltantes de bancos cometem crimes:

Uma vez que é aí que está o dinheiro.

A criação de valor pode ser simples, ou pode ser um desafio. Muitas pessoas são capazes de criar valor de forma simples. Contudo, muito poucas se empenharão na criação de valor desafiante ou intrincada. Ganhará mais dinheiro se souber como cobrar por tarefas desafiantes. Isto é importante uma vez que deve compreender as implicações da competição. Considere o seguinte:

Qual é o valor de um copo de água?

Um copo de água não é assim tão valioso para si se estiver agora sentado em casa ou no seu local de trabalho. Talvez um níquel no exterior. Porquê? Porque pode facilmente caminhar até uma torneira e encher um copo com água por menos de um níquel sem gastar muito tempo ou ter um conhecimento extensivo da água.

Se eu estivesse ao seu lado com o único copo de água durante 100 milhas, estimaria que bebesse significativamente mais. Considere, por outro lado, o valor dessa água se estivesse envolvido num acidente de avião no deserto. A alternativa não existiria, no entanto, a procura de água existiria certamente. Isto conduz a um conceito essencial em relação ao valor:

As suas alternativas acessíveis definem o valor.

Por outras palavras, se houver uma alternativa facilmente acessível a um produto ou serviço, a maioria dos compradores irá valorizá-lo de forma semelhante. Esta é uma das razões pelas quais os bancos e as companhias aéreas oferecem tipicamente taxas de juro e bilhetes bastante semelhantes. Porque pagaria mais por um, se não há diferença discernível entre as opções?

É aqui que a competição entra em cena.

Quando se faz algo simples que gera valor, um rival pode fazer a mesma coisa e pode até fazê-lo por um níquel a menos para adquirir o consumidor. Quase sempre, a vontade dos rivais de reduzir os preços é condicionada pelos seus custos. Isto significa que a maioria dos seus concorrentes reduzirá os seus preços ao ponto de perderem dinheiro na transacção para lhe roubar clientes.

Claro que, se olharmos para isto de uma perspectiva diferente, eles estão a sacrificar ganhos para os clientes. Ainda assim, a maioria dos concorrentes da indústria fará isto, acreditando que o volume de vendas compensará a perda. Considere uma barraca de limonada para compreender a realidade desta questão.

Suponha que gere uma banca de limonada e o seu custo por copo de limonada é de 20 cêntimos devido à utilização de mistura de limonada, copos, e outros fornecimentos. Decide fixar o preço de 50 cêntimos por copo da sua deliciosa limonada, resultando no seguinte cenário de lucro:

Preço=$0,50 - Custo=$0,20.

Lucro=$0.30.

Para determinar o lucro total de um negócio com vendas múltiplas, temos de adicionar as receitas e despesas para cada transacção. Um método útil para considerar isto é:

Vendas=Unidades X Preço.

A "unidade" para limonada é um copo de limonada, por isso:

Vendas = Copos de limonada X Preço.

Vamos supor que 100 clientes compram limonada diariamente neste bairro. Sim, o meu bairro de infância nunca foi assim tão grande, mas estamos a fingir, por isso tenham paciência comigo. Isto resulta no seguinte quadro de lucro global:

Vendas=$50.00 - Custo=$20.00.

Lucro=$30.00.

Suponha que um dia, Egbert coloca uma bancada ao lado da sua. Imaginemos que ambos correm para a loja da esquina para obter uma mistura de limonada, que custa aproximadamente 20 cêntimos por porção e tem custos idênticos. Quando lança o seu stand de limonada, o seu potencial de lucro pode aparecer da seguinte forma:

Preço=$0,50 - Custo=$0,20.

Lucro=$0.30.

Egbert é naturalmente desagradável como um rival e não suporta o conceito de receber dinheiro. Por conseguinte, Egbert opta por roubar os seus clientes reduzindo os seus preços. Os clientes, sendo quem são, transferir-se-ão ocasionalmente para uma alternativa de preço mais baixo, embora outros não o façam. Suponha que Egbert está satisfeito com este quadro de lucro.

Preço=$0,40 - Custo=$0,20.

Lucro=$0.20.

Isto irá quase de certeza causar-lhe a perda de consumidores para Egbert. Quem poderia censurá-los? O comprador recebe a limonada idêntica por menos 10 cêntimos - que negócio! Agora vem a parte difícil: alguns clientes não mudam e continuam a comprar-lhe.

Porquê? Já desisti de tentar compreender, mas é inteiramente correcto. Dada a opção, alguns indivíduos continuarão a pagar mais do que o preço mais baixo disponível. Talvez os seus olhos os atraiam, ou eles não estão dispostos a dar os cinco passos extra para chegar ao stand de Egbert.

Porquê incomodar-se? Mantém estes clientes apesar de cobrarem um preço mais elevado. Soa bem, certo? Pois é. Tudo o resto sendo igual, a maioria dos clientes comprará ao Egbert, digamos 80 deles. Retém 20 clientes devido ao seu carisma, à sua brincadeira de venda divertida, e à sua boa localização. Isto resulta no seguinte quadro de lucro global:

Vendas=$10.00 - Custo=$4.00.

Lucro=$6.00.

Enquanto o quadro geral de lucro de Egbert parece ser o seguinte:

Vendas=$32.00 -Custo=$16.00.

Lucro=$16.00.

Egbert está a ganhar mais dinheiro do que você. Uma vez que o mal nunca triunfa, deseja reconquistar alguns desses clientes. Reduziu o seu preço para $0,40 para igualar o de Egbert. O que ocorre? Você e Egbert irão provavelmente dividir o mercado uniformemente, com 50 clientes cada um. Isto deixa-vos a ambos com o seguinte quadro de lucro:

Vendas=$20.00 -Custo=$10.00.

Lucro=$10.00.

Considere o que se passou aqui. Quando começou a vender limonada, ganhava $30,00 por dia. Egbert chegou e reduziu os seus lucros diários para $6, para que pudesse ganhar $16 todos os dias, e como resultado de igualar o seu preço, acabou por ganhar $10,00 todos os dias.

Neste exemplo, o lucro total feito por TODOS os vendedores de limonada no seu bairro diminuiu de $30,00 (quando era o único a vender) para $22,00 (depois de Egbert entrar no mercado e baixar o preço) para $20,00 (quando ambos tinham o mesmo preço e tinham o mesmo lucro). A limonada e os consumidores permaneceram os mesmos, pelo que o que consumiu o lucro?

O lucro é corroído pela concorrência.

A. Desenvolver o valor.

A criação de valor está entre os aspectos mais significativos da rentabilidade. Se visitar uma mercearia e comprar um artigo (como uma caixa de guloseimas para cães), não poderá ficar fora da loja e revender o artigo por um preço mais elevado.

Isto porque a caixa de guloseimas para cães vendida fora do negócio não é muito mais ou menos valiosa do que a mesma caixa oferecida no interior. Compete com a loja ao vender coisas idênticas numa área vizinha. Mas mais fundamentalmente, não criou qualquer valor.

A sua caixa de guloseimas para cães tem o mesmo valor para o cliente que a caixa da loja. A maioria dos clientes só pagará mais pelas suas guloseimas de cão do que pagariam numa loja se fornecesse outro valor. Aqui estão algumas coisas que poderiam melhorar o valor dos seus biscoitos para cães:

Retira-os da embalagem e dá-os de comer ao cão.

Melhora-os adicionando-lhes açúcar.

Coloca-os numa caixa que seja esteticamente mais agradável.

Os clientes sentem-se bem em comprar-lhe.

Abraça o comprador para o comprar a si.

Actua enquanto vende guloseimas para cães.

Esperemos que compreenda o conceito. Pode acrescentar valor melhorando o produto, mudando a embalagem, ou fazendo qualquer outra coisa que melhore a experiência global de compra do cliente -

possivelmente não muito valor, talvez apenas um ou dois cêntimos por cada guloseima. Contudo, se vender rebuçados suficientes, isto poderá somar, e terá sem dúvida uma maior capacidade de lucrar com os seus produtos do que os seus concorrentes.

B. Alcançar a unicidade.

A circunstância competitiva com Egbert que discutimos não é assim tão invulgar. A menos que se faça algo que os concorrentes não possam replicar, haverá competição, mesmo que não seja particularmente forte.

Como é que faz com que a sua imagem de lucro apareça como se não tivesse concorrentes?

A ideia é descobrir um método para ser distinto. Idealisticamente, pretende encontrar uma singularidade que alguns dos seus clientes consideram importante. Mesmo assim, mesmo a estranheza e a estranheza podem contar para algo - basta examinar o sucesso da Ben & Jerry's e do Rainforest Café.

Num mundo de baunilha, o chocolate vai exigir um preço mais elevado. Lembre-se, porém, que se a sua singularidade for bem sucedida e gerar uma empresa lucrativa, os seus concorrentes irão provavelmente tentar imitá-la mais cedo ou mais tarde.

A singularidade proporciona uma vantagem competitiva, que pode ser mantida, tornando extremamente difícil para os concorrentes imitá-lo. Há muitas maneiras de o conseguir. Os concorrentes falharão na cópia se uma das seguintes ocorrências:

1. Eles não podem copiar a sua originalidade.

2. Eles optam por não copiar a tua singularidade.

3. Não podem duplicar a tua singularidade.

4. O adversário replica-te de forma ineficaz, porque lhes falta concentração.

Vamos examinar como manter a originalidade à luz destes quatro elementos.

Os concorrentes replicarão qualidades diferenciadoras que são extremamente difíceis de replicar ou que necessitam de talentos difíceis de adquirir. Para utilizar este elemento, seleccione distinções que necessitem de perícia que possui mas que os seus concorrentes não possuem.

É extremamente difícil persuadir um concorrente a fazer qualquer coisa. Para evitar que os concorrentes copiem a sua diferenciação, pode desejar seleccionar uma que seja superficialmente pouco apelativa. Por exemplo, qualquer diferenciador que aumente os preços ou contradiga o pensamento tradicional sobre como as pessoas ganham dinheiro no seu sector pode ser considerado "impraticável" pelos seus concorrentes.

Já trabalhei com empresas que fizeram milhões ao concentrarem-se nos clientes menos desejáveis da sua indústria simplesmente porque os seus concorrentes não tiveram tempo para determinar porque é que ninguém queria esses clientes.

Há poucas formas de proibir um concorrente de o copiar; a maioria requer assistência jurídica e/ou governamental. A protecção de patentes é uma excelente ilustração disto, pois é um meio prático para preservar a originalidade.

Infelizmente, a maioria destas estratégias tem uma duração de vida finita. Assim, deverá aumentar a sua distinção de alguma outra forma, enquanto estiver sob protecção governamental. Se não o fizer, descobrirá que a dependência da protecção legal pode ser um vício incapacitante, e deixar o peru frio é muitas vezes fatal.

A vantagem do foco é sem dúvida um dos instrumentos mais simples e simples à disposição das empresas mais pequenas. É especialmente importante quando se concorre com empresas muito maiores.

Se se concentrar num nicho de mercado substancialmente mais estreito do que a sua maior concorrência, tornar-se-á provavelmente o fornecedor preferido do nicho. Como resultado de concentrar os seus esforços na satisfação dos desejos de um tipo específico de consumidor, deverá ser capaz de gerar um lucro significativamente maior.

Muitas empresas mais pequenas rejeitam esta estratégia porque acreditam que ela restringe o seu potencial de crescimento. No entanto, o contrário é tipicamente verdade. No sector dos seguros, por exemplo, observámos que as empresas ganham uma enorme rentabilidade e crescimento ao visarem um mercado que é menos de 5% do mercado que os seus concorrentes visaram.

Demasiados indivíduos vêem o lucro como um conceito básico, a preto e branco, que só pode ser abordado através de meios previsíveis e replicáveis, tais como a redução de custos. Compreender como a singularidade conduz ao lucro é uma estratégia fantástica para diferenciar a sua empresa e alcançar uma rentabilidade acima da média. Pode distinguir o seu negócio e posicionar adequadamente a sua empresa para uma vantagem competitiva a longo prazo no mercado com um pequeno esforço.

CAPÍTULO 2: CRIAR VALOR PARA O SEU CLIENTE.

Da perspectiva de um fornecedor de serviços, a aquisição de um novo cliente é importante no mercado global. Este ciclo de aquisição de um cliente é normalmente longo, não só devido a implicações contratuais e legais, mas também porque os clientes baseiam muitas vezes as decisões de trabalho no "valor que a organização ganhará" ao trazer o prestador de serviços (ou fornecedor) para a organização.

Trabalhar com clientes recentemente adquiridos ou clientes existentes está a revelar-se extremamente difícil para a comunidade de prestadores de serviços no actual ambiente empresarial devido ao abrandamento económico, negócios em rampa, forte concorrência, impacto nos preços e aumento do custo de operação e manutenção, etc. Consequentemente, são obrigados a procurar melhores serviços a um preço mais baixo.

Por outro lado, uma vez adquirido o negócio, o prestador de serviços tende a tornar-se um pouco complacente com a crença de que o cliente permanecerá e que o negócio pode ser gerido à medida que chega. As relações entre o cliente e o prestador de serviços podem tornar-se tensas se o foco na construção de relações não for conduzido positivamente. Isto pode levar ao desenvolvimento de fissuras.

Os clientes de hoje vêem os prestadores de serviços como parceiros comerciais e estão dispostos a partilhar o seu ecossistema empresarial para ajudar o prestador de serviços a compreender como conduzem os seus negócios. Deve parecer ser um casamento empresarial e um reforço das competências essenciais um do outro, em vez de uma parceria única.

Os clientes estão cada vez mais interessados em desenvolver relações de longo prazo com os seus fornecedores de serviços e em estabelecer uma plataforma comum para o intercâmbio de requisitos comerciais para um objectivo comum.

O moderno prestador de serviços deve concentrar-se em melhorar a experiência empresarial do cliente para a sua organização, clientes e concorrentes. Que tipo de serviço, produto, ou proposta de ferramenta e implementação pode dar ao cliente uma vantagem competitiva sobre os seus rivais?

Da perspectiva do cliente, o seu estado de espírito consiste em como pode aumentar drasticamente a sua linha de fundo ou de topo e como pode aumentar a sua base de clientes e objectivos de receitas, ou como pode minimizar as questões operacionais, técnicas ou relacionadas com serviços que estão a ter impacto no negócio, ou como pode reduzir os custos de operação e manutenção dos seus serviços de TI.

A maioria das organizações globais geridas profissionalmente que se envolvem na gestão de fornecedores e subcontratam os seus produtos ou serviços ou ambos têm planos comerciais a curto, médio e longo prazo para obter benefícios comerciais significativos dos fornecedores de serviços e medi-los como parte de um BLA, SLA, ou OLA.

Estes acordos são tipicamente bem concebidos no início de uma relação contratual e revistos regularmente com o prestador de serviços.

Os serviços dos prestadores de serviços (vendedores) já não se justificam com base no montante de dinheiro que lhes é pago por hora e na sua capacidade de demonstrar, seguindo os termos contratuais, o que foi realizado para receber o pagamento. Em termos de anúncios de valor, os clientes esperam muito mais nata do que apenas um dólar de valor como um "freebie".

Os clientes antecipam que os prestadores de serviços terão múltiplos efeitos positivos nos seus negócios. Por conseguinte, é imperativo que os prestadores de serviços planeiem e demonstrem continuamente o valor que estão a criar para os seus clientes.

Tornou-se essencial que os prestadores de serviços desenvolvam propostas de valor acrescentado para o crescimento do negócio do cliente e que planeiem a demonstração da capacidade do cliente para demonstrar uma maior confiança.

Para um prestador de serviços, a experiência com um cliente recentemente adquirido deve ser análoga a um evento desportivo em que os primeiros minutos são essenciais. Se demonstrar um jogo profissional com uma atitude vencedora e confiança na obtenção de resultados, as suas hipóteses de ganhar um novo cliente são muito boas. Além disso, mesmo sendo um jogador experiente, deve ganhar todos os jogos para estabelecer credibilidade.

Os actuais prestadores de serviços devem aderir à máxima "Ganhar o cliente todos os dias". Cada pequena acção tomada pelo prestador de serviços deve resultar no resultado desejado para o cliente. É necessário interagir com o cliente de uma perspectiva centrada no negócio e gerir a experiência do cliente com maior rigor.

Alguns inquéritos realizados pelos prestadores de serviços podem indicar uma maior proporção de estratégias centradas no cliente, mas a realidade é que apenas uma fracção dos clientes concordará.

Destaque da sessão: Como prestador de serviços num ambiente empresarial em mudança de jogo, é essencial adaptar-se ao ambiente empresarial do cliente e alinhar-se rapidamente para demonstrar que os objectivos de mudança do cliente são os seus objectivos para o futuro.

Por exemplo, se o cliente desejar uma redução de 10% nos custos globais, qual será a sua proposta de prestador de serviços para optimizar e consolidar os serviços? Deve fazer com que o seu cliente se sinta parte integrante da sua missão.

CAPÍTULO 3: IMPORTÂNCIA DA CRIAÇÃO DE VALOR.

Em terminologia de engenharia, o conceito de uma "máquina de movimento perpétuo" opera na produção de mais produção do que inputs; da mesma forma, a comunidade empresarial espera uma maior produção por dólar gasto.

1. As organizações de clientes sentem a necessidade de criação de valor a nível global por diferentes razões.

2. Os clientes procuram diferenciadores que possam ter um impacto positivo nos seus resultados comerciais.

3. Como parte da sua filosofia empresarial, as empresas tendem a obter mais com menos despesas.

4. A pressão do mercado, a concorrência feroz, as complexidades dos negócios e as trajectórias de crescimento exercem sobre eles uma pressão intensa para fazer mais com menos.

5. Para assegurar a sua sobrevivência, os gestores das organizações de clientes devem impressionar a sua gestão, adquirindo estes outros benefícios dos seus prestadores de serviços.

6. É possível comparar e seleccionar os prestadores de serviços com base no valor acrescentado que estes fornecem ao negócio.

7. O cliente espera que o prestador de serviços seja um parceiro de crescimento.

Qual é o processo de criação de valor?

Por intenção, a definição de criação de valor poderia ser diferente para cada cliente com base nos seus objectivos comerciais e pontos de dor; contudo, num sentido simplificado, poderia ser o acto de um prestador de serviços que satisfaz um cliente (durante a criação, implementação ou gestão de um serviço ou produto), proporcionando retornos acima dos investimentos do cliente ou do custo dos serviços.

Como requisito contratual, é por vezes referido como um "freebie", porque vem gratuito com o serviço ou produto prestado.

Diferenciando a criação de valor dos serviços pagos:

Existe uma confusão perpétua entre muitos profissionais relativamente à distinção entre criação de valor e serviços pagos.

Por exemplo, uma organização de clientes pode não ser surpreendida se fornecer serviços e/ou produtos seguindo termos e condições de pagamento contratuais; no entanto, o valor criado para o mesmo cliente pode exceder o valor em dólares pago e ser expresso em termos de benefícios tangíveis ou intangíveis, tais como retorno do investimento, maior satisfação do cliente na organização do cliente, redução do número global de questões ou problemas comerciais, ou um aumento da base de clientes.

Os detalhes da criação de valor não são quantificados em termos contratuais na declaração de trabalho ou ordem de compra, mas são de facto e muitas vezes expectativas não escritas dos clientes. Em alguns casos, o prestador de serviços deve descobri-los e levá-los ao conhecimento dos interessados do cliente para ganhar a sua confiança.

A criação de valor tem um impacto duradouro sobre o clima empresarial global da organização do cliente.

Estratégia para a criação de valor:

Porquê empregar estratégia?

Devido à explosão da procura de serviços de TI, as organizações prestadoras de serviços começaram recentemente a afirmar nos seus princípios fundamentais de trabalho para com o cliente que acreditam no desenvolvimento de uma estratégia empresarial para proporcionar maior valor. Estas estratégias podem melhorar a confiança do cliente, alinhando-se com os seus objectivos ou preocupações comerciais e dando-lhe garantias.

De certa forma, criar valor para um cliente é um processo contínuo que deve ser revisto à medida que os objectivos ou preocupações empresariais do cliente mudam em resposta ao seu ambiente empresarial.

Destaque da sessão: A estratégia empresarial que um prestador de serviços deve desenvolver para o seu cliente deve criar pelo menos duas vezes o valor do contrato que recebe do cliente.

Diferentes níveis de criação de valor:

A criação de valor do cliente ocorre de muitas formas e requer uma compreensão abrangente dos intervenientes, negócios, tecnologia e operações do cliente. As partes interessadas da Organização de

Clientes incluem pessoal, gestão de topo, utilizadores finais, clientes, e outros vendedores.

Dependendo dos seus problemas, questões, preocupações e objectivos comerciais, o valor percebido por cada indivíduo pode variar. O prestador de serviços deve considerar todos estes factores ao prestar serviços a uma organização.

O valor criado pelo prestador de serviços varia no sabor e está dependente das circunstâncias. É um processo contínuo que é criado ao nível da instância. Pode ser categorizado aproximadamente em dois níveis, por conveniência.

Nível Estratégico ou Empresarial: A nível empresarial, a criação de valor é o efeito agregado sobre o ambiente empresarial como resultado do serviço ou produto fornecido pelo prestador de serviços e é quantificado em termos de números, percentagens, factores, etc. Calcular e determinar o valor do negócio é difícil e pode, ocasionalmente, ser enganador. Muitas vezes, a avaliação da criação de valor é intangível.

Bons exemplos da criação de valor tangível de um prestador de serviços são o número de novos clientes adquiridos pelo cliente devido ao desempenho excepcional do prestador de serviços e a percentagem ou montante em dólares de crescimento das receitas.

Os valores intangíveis são difíceis de quantificar; por conseguinte, poderiam ser descritos como a capacidade do prestador de serviços para ajudar o cliente a implementar consistentemente a norma regulamentar, mantendo a conformidade, proporcionando facilidade de operação, ou adquirindo competências difíceis quando o negócio as requer urgentemente.

Ao nível da operação, a criação de valor pode ser tangível ou intangível, dependendo do ambiente empresarial da organização do cliente. A criação de valor a nível operacional pode ou não ter um impacto global no ambiente de negócios. Tem um enfoque mais local.

Exemplos de criação de valor tangível por um prestador de serviços incluem melhorias baseadas em SLA, alta disponibilidade do sistema, uma redução do tempo de paragem numa percentagem, e uma melhoria no tempo de resposta numa percentagem. As medidas de valor intangível incluem o mais alto nível de colaboração, excelente trabalho de equipa, e conformidade de processos.

O valor criado para cada parte interessada da organização cliente é amplamente classificado a nível empresarial e operacional.

CAPÍTULO 4: ESTRUTURA DE CRIAÇÃO DE VALOR.

Cada prestador de serviços deve desenvolver uma estrutura específica do cliente para a criação de valor que esteja alinhada com o ambiente empresarial do cliente e possa ser utilizada continuamente para gerar instâncias de valor acrescentado. A estrutura proporciona aos membros da equipa da organização prestadora de serviços uma grande consistência e um entendimento distinto.

Tal estrutura deve funcionar como um motor de criação de valor e ser apoiada por ferramentas e processos para captar continuamente o pulso do cliente. O prestador de serviços poderá ter de investir nesta área, considerando a expansão do seu negócio e da sua relação com o cliente.

Compreender as propostas de valor e desenvolver uma estratégia:

Tipicamente, a proposta de criação de valor começa no primeiro dia de envolvimento do cliente. O prestador de serviços e a sua equipa devem fazer um esforço concertado para planear metodicamente cada actividade que aumente o valor do cliente. Quando um cliente apresenta um novo pedido de serviço, o prestador deve dar prioridade ao fornecimento de outro valor em detrimento de serviços de baixo custo.

Muitas vezes, um cliente pode não ser claro ou vocal sobre o que pode realmente fazer a diferença para o seu negócio; em tais casos, o prestador de serviços deve validar a sua compreensão do valor que a organização do seu cliente poderia ganhar ao completar tarefas específicas. Isto pode ser conseguido através de vários fóruns de discussão e através da análise do âmbito do trabalho.

Aqui estão alguns contributos que podem ajudar a desenvolver um plano estruturado para a criação de valor.

1. Determinar o que o cliente valoriza nele;

2. Distinguir entre a tecnologia e os aspectos comerciais do envolvimento do cliente;

3. Determinar quais as características e serviços que são da maior importância para o cliente;

4. Identificar os maiores desafios, problemas, constrangimentos ou problemas do cliente; e

5. Falar com as partes interessadas, tais como chefes de equipa técnica, utilizadores finais, clientes, e gestores de topo, para compreender os imperativos e impactos do negócio.

6. Compreender o ambiente, mercado, clientes, localização, indústria, e cultura do cliente. Compreender como a intimidade e colaboração com o cliente podem ser melhoradas.

7. Estabelecer uma compreensão e definição partilhada de valor com o cliente.

Implementar plano de criação de valor:

A implementação do plano de criação de valor dentro da organização do prestador de serviços requer concentração e consenso. Todos os recursos envolvidos na prestação de serviços ao cliente devem ter uma compreensão clara do valor que deve ser entregue ao cliente ao longo do tempo e do método pelo qual esta informação pode ser comunicada à direcção tanto da organização do cliente como da organização do prestador de serviços.

O plano de criação de valor deve considerar algumas propostas de valor acrescentado ao nível da tecnologia, processo, ferramenta, ou negócio que possam beneficiar o cliente; cada proposta deve ser avaliada à luz do ambiente empresarial do cliente.

A organização prestadora de serviços deve acreditar numa cultura aberta de trabalho com os clientes e ousar apontar ambiguidade, pontos cegos, e áreas problemáticas formalmente para minimizar o impacto negativo no negócio do cliente.

Cada elemento de um benefício que possa acrescentar valor a qualquer parte interessada da organização do cliente deve ser considerado. Ocasionalmente, as propostas de valor acrescentado podem ter benefícios tanto a curto como a longo prazo.

Durante a implementação de uma proposta de valor acrescentado, o foco deve ser a retenção de recursos valiosos que possam gerar valor significativo para a organização cliente.

Capturar, qualificar, e quantificar instâncias de criação de valor:

Muitas vezes, as equipas de uma organização de prestadores de serviços realizam muito trabalho de valor acrescentado para o seu cliente, mas não conseguem dar visibilidade ao cliente e à gestão da organização do prestador de serviços, pelo que passa despercebido. Isto prejudica a equipa do prestador de serviços porque perde a oportunidade de ser reconhecida.

Outra desvantagem é que a direcção da organização do prestador de serviços carece de perspectiva, perdendo assim a oportunidade de demonstrar as melhores práticas a outros potenciais clientes. Como resultado, o quadro de criação de valor e a sua disseminação à equipa da organização prestadora de serviços proporciona a solução correcta para esta questão.

A criação de valor transforma o estatuto comercial do cliente de uma forma que o torna mais competitivo e lhe permite cumprir prontamente os seus objectivos comerciais.

A medição da criação de valor requer a implementação de um processo sistemático para assegurar que todas as instâncias de adição de valor sejam capturadas, quantificadas, representadas, e aprovadas pelo cliente.

Isto contribui para estabelecer uma base mais convincente para reforçar e cultivar a relação. Tipicamente, os clientes experimentam os efeitos dos serviços de valor acrescentado que receberam dos prestadores de serviços.

Qualificar o que constitui um serviço de valor acrescentado para um cliente específico é essencial, e isto é conseguido através de estreita colaboração e consulta frequente com representantes de organizações de clientes a todos os níveis.

O foco da qualificação de um serviço de valor acrescentado provém do ambiente empresarial do cliente, e é essencial identificar estrangulamentos, obstáculos e questões através de um diálogo contínuo, reuniões de revisão e apresentações de gestão.

Uma vez determinados os atributos dos elementos de valor acrescentado qualificados, um processo e/ou ferramentas podem ser concebidos para os capturar, quantificar e medir com a frequência desejada. É também essencial verificar os requisitos de elegibilidade com o cliente.

Por exemplo, se um cliente enfrentar problemas de gestão de mudança com o seu pessoal ao implementar um novo processo empresarial através de um sistema informático e for um fornecedor de serviços de sistema informático, pode oferecer-lhe um facilitador de mudança que possa resolver eficazmente esta questão para evitar falhas de implementação. Consequentemente, a qualificação do que será verdadeiramente de valor para o cliente é primordial.

A quantificação ocorre imediatamente após a determinação do valor qualificado do cliente.

Quantificar um elemento de valor acrescentado desde o seu estado inexistente ou mínimo até à sua forma tangível, depois de ter trabalhado nele, como prestador de serviços, pode demonstrar o seu sucesso. Quer seja um cliente ou um prestador de serviços, quantificar a adição de valor em termos mensuráveis fornece sempre um indicador comparativo de referência dentro da organização e, frequentemente, entre concorrentes.

Esta quantificação de valor é realizada de muitas maneiras, tais como com números, percentagens, ou numa escala de 0 a 5 ou de 0 a 10. O cálculo exacto de medidas de valor acrescentado rapidamente e com uma periodicidade lógica fornece uma boa tendência para ajudar o prestador de serviços a alcançar mais, ao mesmo tempo que a apresentação desta tendência em intervalos periódicos aumenta a confiança do cliente.

CAPÍTULO 5: AVALIAÇÃO DA CRIAÇÃO DE VALOR.

A criação de valor de medição requer uma clara compreensão e definição de medidas, captação atempada, e comunicação convincente com o cliente.

A criação de valor ocorre de forma diferente e continua até que o prestador de serviços comece a trabalhar com a organização do cliente. Estas métricas devem também medir o desempenho de ferramentas, processos e pessoas para determinar se produzem resultados baseados em valores.

Abaixo estão listadas algumas métricas típicas que provam que a criação de valor está a ocorrer.

Customer Delight Index (CDI): Esta é uma das medidas que os prestadores de serviços podem utilizar para determinar o nível de satisfação do cliente. Esta métrica pode ser recolhida a intervalos regulares.

A tendência crescente no CDI e a sua manutenção consistente ao mais alto nível indica que o cliente está satisfeito com a qualidade dos seus serviços. É possível determinar que aspectos dos serviços contribuem mais para a satisfação do cliente.

Alguns exemplos de satisfação do cliente incluem a entrega atempada dos serviços ao longo de um compromisso ou período, demonstrando um desempenho ao nível do serviço que excede o SLA acordado, e questionando tempos de resposta que são significativamente mais rápidos do que a linha temporal acordada.

A utilização de técnicas e conceitos inovadores na prestação de serviços a um cliente pode melhorar o rendimento através da redução do tempo de inactividade do sistema.

Por exemplo, se for responsável pela manutenção dos sistemas de TI dos clientes, que costumavam experimentar quatro a seis horas de inactividade por semana, e se tiver criado procedimentos e ferramentas de manutenção inovadores e melhores para reduzir esse tempo de inactividade para apenas uma ou duas horas drasticamente, pode ser elegível para um bónus. Este é um excelente exemplo de valor acrescentado para mostrar ao seu cliente.

Depois de ter capturado as métricas de valor acrescentado, é necessário representá-las no fórum apropriado. Os prestadores de serviços podem partilhar os resultados dos seus esforços para criar serviços de valor acrescentado com organizações de clientes durante revisões periódicas de gestão, negócios, e progresso.

Para criar um ambiente favorável e demonstrar que estão alinhados com os objectivos ou preocupações comerciais da organização cliente, os prestadores de serviços escolhem frequentemente períodos de renovação ou extensão de contratos para discutir acréscimos de valor com os clientes.

Tais serviços de valor acrescentado são partilhados com o cliente ao nível da equipa através de estudos de casos ou das melhores práticas. Um dos aspectos essenciais para determinar se criámos ou não valor para os nossos clientes pode ser abordado através da obtenção de uma perspectiva externa. Pode-se obter esta perspectiva falando com um grupo de analistas, um concorrente, ou uma organização de levantamento.

Isto é algo complicado devido a preocupações de confidencialidade e, por vezes, à ambiguidade das medidas de valor acrescentado. Os prestadores de serviços podem utilizar uma perspectiva de terceiros para compreender a criação de valor para grandes organizações de clientes.

Julgar o pulso do cliente e a sua aprovação da criação de valor para o trabalho realizado pelo prestador de serviços também indica se os interessados na organização cliente estão ou não satisfeitos e se a relação é ou não vantajosa para ambas as partes.

Os destaques da sessão incluem:

O quadro de criação de valor é uma vantagem a longo prazo para a organização do cliente que lhe dá confiança e visibilidade sobre o que o prestador de serviços pode fazer para aumentar o seu valor comercial.

Ferramentas para a criação de valor: As organizações prestadoras de serviços podem ter criado e implementado ferramentas específicas para múltiplos clientes, algumas das quais podem ser idênticas para compromissos semelhantes. Dependendo do ambiente empresarial do cliente, poderá ser necessário desenvolver ferramentas que, se utilizadas eficazmente, podem proporcionar maiores benefícios e valor ao cliente.

Considerando as ferramentas que podem produzir resultados rápidos para a organização do cliente, é essencial. Isto deve ser feito antes de o cliente acreditar que já não está a receber valor do prestador de serviços.

Seguem-se alguns exemplos de ferramentas recomendadas:

Muitos prestadores de serviços utilizam invariavelmente modelos de retorno do investimento (ROI) para demonstrar o valor acumulado dos compromissos ao longo do tempo. A escolha dos parâmetros de entrada e saída torna os cálculos de retorno do investimento (ROI) um desafio.

1. Componentes reutilizáveis: Este é um dos maiores activos em que um prestador de serviços pode capitalizar, uma vez que os componentes reutilizáveis podem ter um impacto positivo nos resultados e resultados da organização do prestador de serviços, reduzindo assim erros, poupando tempo, e proporcionando uma vantagem para os compromissos com os clientes.

Se um prestador de serviços ainda não tiver componentes reutilizáveis, pode criá-los para o seu cliente, para que a organização do cliente os possa utilizar sem outro tempo e esforço. Torna-se um activo que acrescenta valor.

Além disso, calcular e demonstrar o serviço ou produto de valor acrescentado a uma organização cliente que o utiliza regularmente é relativamente simples. Conjuntos de casos de requisitos/utilização, casos de teste, modelos, objectos e plataformas são exemplos típicos de componentes reutilizáveis, tal como os fluxos de processos empresariais padrão para um determinado processo empresarial ou produto.

2. Inquérito à satisfação do cliente: Um inquérito à satisfação do cliente é um dos métodos mais eficazes utilizados por quase todos os prestadores de serviços para medir o nível de serviços de valor acrescentado fornecidos ao cliente.

Muitas empresas prestadoras de serviços construíram portais de inquérito para os seus clientes a fim de recolher feedback sobre os seus serviços de valor acrescentado a vários interessados. As respostas ao inquérito incluem perguntas e pontuações específicas descrevendo os prestadores de serviços de valor acrescentado/prestadores de serviços de produtos fornecidos.

3. Geração de ideias e modelos de inovação: Esta é uma das principais e mais populares expectativas que as organizações de clientes têm dos seus prestadores de serviços, e os contratos de renovação examinam frequentemente estes aspectos com grande detalhe.

A organização cliente quer saber que enquadramento o prestador de serviços desenvolveu, que componentes são demonstráveis, e se os recursos consideram ou não todos os problemas e questões de forma criativa, etc. Na realidade, as origens dos serviços de valor acrescentado provêm inteiramente de novas soluções.

Muitas organizações prestadoras de serviços têm portais, estruturas e iniciativas para promover a inovação gerada pelos empregados e ideias que podem ser implementadas para fornecer serviços de valor acrescentado aos seus clientes.

4. Registo do valor: Manter um registo de valor e registar todas as instâncias de serviços de valor

acrescentado prestados ao cliente prontamente é uma abordagem simples para capturar todas as instâncias de valor acrescentado para o cliente ao longo dos compromissos.

5. Ferramentas motivacionais: Muitas organizações prestadoras de serviços utilizam ferramentas motivacionais com incentivos, recompensas, etc., para encorajar a geração de ideias novas, criativas e inovadoras.

Muitas vezes, as organizações clientes também apresentam certificados e recompensas monetárias aos trabalhadores prestadores de serviços em reconhecimento das suas contribuições excepcionais e serviços de valor acrescentado. Exemplos incluem o fornecimento de soluções prontas para os problemas ou problemas dos clientes que não são típicos das operações do dia-a-dia.

6. A utilização das melhores práticas é comparável ao emprego de componentes reutilizáveis. Como resultado do facto de muitos prestadores de serviços trabalharem em múltiplos ambientes de clientes, as melhores práticas recolhidas de outras

contas e compromissos de clientes são armazenadas num repositório e aplicadas quando surgem situações semelhantes para outros clientes.

A utilização das melhores práticas para resolver questões ou problemas dos clientes é altamente eficaz quando o ambiente e as circunstâncias da empresa são idênticos. Isto acrescenta um valor significativo à organização do cliente.

7. Instrumentos específicos do cliente: A gestão das relações e a visibilidade ao nível da gestão são da maior importância nas contas de clientes de maior dimensão. A maioria dos prestadores de serviços esforça-se por criar painéis de programas, painéis de pontuação, painéis de gestão de SLA, e portais de relatórios para mostrar as realizações, tendências de progresso em várias métricas, e a saúde geral das contas. Este serviço proporciona valor para a organização do cliente.

8. Ferramentas para escalações e gestão de problemas: Estas são ferramentas bastante comuns

mas essenciais, especialmente para grandes contas de clientes. O claro benefício adicional de tais soluções para o cliente é uma grande diminuição no tempo e esforço necessários para processar questões e agravamentos.

Quando influencia negativamente o negócio, é essencial partilhar informação com as partes necessárias, tais como quando os problemas surgem ou escalam, quem os está a resolver, e qual é a solução. Com estas ferramentas, é possível conceber um excelente fluxo de trabalho e um processo de ponta a ponta.

Muitas empresas prestadoras de serviços povoam as bases de dados de problemas e escalonamento para a gestão de problemas futuros. Mesmo para contas de clientes mais pequenas, um simples registo de problemas/escalonamentos baseado em Excel com os factos necessários fornece um repositório sólido, e tais eventos anteriores podem ser úteis para futuros problemas de tipo semelhante.

9. Seis ferramentas sigma: As seis ferramentas sigma são altamente eficazes e centradas nos resultados. Ajudam as equipas de prestadores de serviços a capturar a Voz do Cliente (VOC) na fase de definição. As medidas críticas para a Qualidade (CTQ) são identificadas e seguidas ao longo de todo o ciclo de melhoria.

Seis ferramentas sigma são suficientes para demonstrar valor, uma vez que os projectos de seis sigma demoram normalmente dois a três meses a ser concluídos. Uma vez que a tecnologia é amplamente utilizada e aceite, é simples convencer os clientes dos benefícios da sua utilização para demonstrar acréscimos de valor.

Os destaques da sessão incluem: As ferramentas são os recursos que continuamente permitem aos prestadores de serviços um melhor desempenho para os seus clientes a um custo mais baixo.

Em conclusão, a criação de valor para o seu cliente não é um exercício único destinado a colocar um sorriso no seu rosto, mas um processo contínuo de implementação de uma estratégia empresarial apoiada por soluções inovadoras e de gestão ao longo do envolvimento do cliente para demonstrar retornos mensuráveis 2x nos seus investimentos.

CAPÍTULO 6: VALOR DE VENDA E COMO AFECTA O SEU PRODUTO.

O consumidor determina sobretudo a definição do que fornece valor. Ou se faz o que é melhor para o consumidor (como previamente estabelecido) ou não se faz. Da perspectiva do consumidor, "valor acrescentado" não implica nada. Não acrescenta valor significativo ao próprio produto. O valor base do produto terá de se manter por si próprio.

Os consumidores comprarão a um representante de vendas que se preocupa genuinamente com as suas necessidades e não oferece artigos "extra" para fazer a venda.

Passei anos a tentar convencer os representantes de vendas de que o valor que "trazem" provém de si próprios. Não é algo que a corporação ofereça para compensar a sua incapacidade de compreender o consumidor e os seus desejos.

Alegar oferecer um serviço de valor acrescentado é como dizer a um potencial cliente: "Comprem-me este carro porque os pneus estão inflados".

Dar Valor necessita inicialmente de adoptar a perspectiva do comprador. Compreender que o comprador está sempre a tentar satisfazer os seus desejos e exigências, nunca os seus. Não estás a ser considerado! É sempre sobre eles e nunca sobre si.

Quatro níveis de satisfação do comprador:

É preciso ir ao encontro das expectativas do consumidor. Considere como pode realizar isto com o seu produto ou serviço. Compreender que o produto ou serviço satisfaz as exigências de um cliente, e não qualquer valor acrescentado. Nada acrescentado aos bens ou serviços pode ajudá-lo a atingir as expectativas do cliente.

Não estou a sugerir que os extras não são importantes; são o tema da seguinte declaração. Quero dizer que o produto transporta certas expectativas, que devem ser satisfeitas, ou o comprador irá procurar noutro local. As expectativas concentram-se no produto, não no seu valor acrescentado.

Pode fornecer uma lista de vinte expectativas prováveis do comprador antes da sua primeira conversa?

Pode demonstrar como o seu produto satisfaz estes requisitos sem utilizar superlativos? Crie uma lista de vinte itens que satisfaçam as exigências do comprador. No dia seguinte, adicione mais vinte artigos à lista.

Uma vez que o potencial comprador esteja convencido de que pode satisfazer as suas expectativas, deve demonstrar a sua capacidade de as exceder. Deve questionar-se continuamente como poderá exceder as expectativas dos potenciais compradores - acrescentando o que ao produto de compra inicial.

Aqui é onde se fornecem acréscimos de valor.

Considere vinte formas de exceder as expectativas dos seus potenciais compradores. Considere estes factores da perspectiva dos seus novos clientes para ver se está no alvo. Caso contrário, regresse e gere mais vinte ideias. No dia seguinte, adicione mais vinte itens à lista.

A seguir, deve continuar a agradar ao cliente após o momento da venda. Por vezes referido como "satisfação na venda". Deve-se compreender a distinção entre satisfação e prazer. Pergunte-se continuamente: "Como posso deliciar o meu cliente? Em seguida, concebe meios para alcançar a satisfação do cliente. Consegue arranjar vinte métodos para agradar aos seus clientes?

Vai considerar vinte palavras extra amanhã?

Como tenciona implementar as mudanças de hoje?

Quais são os seus planos para o dia seguinte?

Sabe que impressionar o potencial comprador em cada fase do processo de venda é essencial para ser o melhor. Em última análise, é preciso compreender o poder do assombro. Pare agora mesmo e considere vinte maneiras de surpreender o seu potencial comprador desde o contacto inicial até ele o encaminhar para os seus amigos. No dia seguinte, considere mais vinte. Planeie como pretende aplicar estas medidas.

O valor requer que compreenda o seu comprador! O seu produto é o seu valor, e o seu produto é o seu. Sem si, o seu produto não é mais do que uma mercadoria. Os profissionais de vendas levam a mercadoria, adicionam-se à mistura e geram um valor tremendo para os potenciais compradores.

CAPÍTULO 7: CRIAÇÃO DE OFERTAS IRRESISTÍVEIS QUE A ACÇÃO IMEDIATA E IMEDIATA É UM VALOR ACRESCENTADO.

Acrescentar valor envolve fornecer aos clientes mais do que eles poderiam receber noutro lugar. Hoje em dia, a maioria dos indivíduos é orientada para o valor. Não é o preço que mais importa; o valor acrescentado que eles recebem justifica o custo do seu widget.

Ofereça significativamente mais valor de utilização aos seus clientes do que aquele que recebe em termos de valor financeiro. Quando oferece mais com cada compra, os compradores percebem essa compra como tendo maior valor. Este valor acrescentado dá-lhe uma clara e inequívoca vantagem competitiva sobre todas as outras empresas que vendem produtos comparáveis.

O objectivo aqui é aumentar o valor do que quer que esteja a vender. Tornar muito mais vantajoso e valioso para o comprador comprar-lhe. Deseja que a decisão de compra seja "sem cérebro" a seu favor, devido ao substancial valor acrescentado que proporciona.

Incluir outros bónus com cada compra é uma forma simples de melhorar o valor. Isto pode implicar a inclusão de uma linda bolsa com cada computador portátil, um avental com cada fabricante de massa, ou um cinto de ferramentas de alta qualidade com cada berbequim eléctrico. Muitas destas recompensas estão disponíveis em fornecedores especializados, a granel e a custos acessíveis.

O fornecimento gratuito de relatórios impressos, cassetes áudio, filmes, ou CDs é um método simples e barato de oferecer valor. O objectivo é fornecer informação útil e atempada ao comprador.

Esperemos que seja também algo que ele ou ela não possa descobrir noutro lugar.

Muitas vezes, estes "extras" podem ser replicados a um custo muito barato, mas o valor percebido que oferecem a um produto pode valer cem vezes ou mais do que os seus custos reais.

Um componente substancial de uma escrita eficaz é uma oferta convincente. Quanto mais convincente for a sua oferta para potenciais clientes, maior é a sua probabilidade de fechar o negócio. Muitos especialistas de resposta directa concordam que se quiser aumentar os seus resultados, deve melhorar a sua oferta. Uma melhor oferta significa um maior valor. Os compradores recebem um maior valor pelo seu dinheiro.

Há muitos bons exemplos de marketing de valor acrescentado exibidos na televisão. Pode ligar a televisão a qualquer hora ou à noite e testemunhar muitos exemplos de outros valores.

Usando esta premissa singular, a Faca Ginsu tem sido vendida comercialmente há anos. Recebe várias facas por um preço baixo. "Compre o mundialmente famoso Ginsu Deluxe, e também receberá isto e isto, e se encomendar dentro dos próximos oito minutos, receberá também este item extra único de graça"! Os comerciantes da marca Ginsu já venderam milhões de pacotes utilizando esta estratégia de valor acrescentado.

Observe qualquer infomercial na televisão de hoje, e verá que as mesmas ofertas de valor acrescentado são utilizadas de forma consistente. Porquê? Porque funcionam excepcionalmente bem.

Os clubes de livros e de CD utilizam o conceito de valor acrescentado para adquirir uma parte deste valioso mercado. Como podem atrair pessoas habituadas a comprar livros e CDs no centro comercial local? Proporcionando um valor excepcional à partida. "5 Livros Por $5" ou "Escolha 3 CDs GRÁTIS Com a Sua Primeira Encomenda" são exemplos de ofertas de valor melhoradas dadas principalmente para atrair consumidores de primeira viagem.

Quase todas as organizações podem fornecer valor com produtos de informação simples. Crie coisas com valor acrescentado e "informação privilegiada" que beneficiem os seus clientes. Pode ser como obter mais do seu novo equipamento, como mantê-lo para que dure mais tempo e tenha um desempenho fiável durante anos, ou como utilizar o seu novo widget 37 maneiras diferentes em torno da casa ou do escritório.

Outra alternativa é fornecer aos compradores a informação que eles provavelmente irão encontrar valiosa. Por exemplo, uma quinta de morangos poderia fornecer uma ou duas receitas fantásticas de atalhos de morango, tortas, ou tartes. Não é difícil criar a percepção de valor acrescentado. Este é um exemplo básico, acessível e de valor acrescentado apropriado.

Fornecer valor acrescentado cria uma situação em que todas as partes estão satisfeitas com a aquisição. Os seus consumidores recebem mais valor pelo seu dinheiro e têm o prazer de partilhar as suas experiências positivas com outros. A adição de valor aumenta o negócio de referência. À medida que se espalha a notícia sobre os benefícios únicos que a sua empresa oferece, obtém uma maior base de consumidores.

Como pode melhorar o valor percebido da sua oferta actual? Uma pequena quantidade de inventividade pode tornar a sua oferta de vendas consideravelmente mais atractiva, e uma oferta sedutora atrai muitos mais clientes interessados.

CAPÍTULO 8: COMO ACOMPANHAR O VALOR DO CLIENTE AO LONGO DO TEMPO.

O Santo Graal do marketing online é o rastreio do valor do cliente ao longo da vida e a avaliação do ROI de cada um dos seus veículos de marketing. Infelizmente, muitos profissionais de marketing em linha carecem das competências de execução necessárias para realizar esta ambição. Estes profissionais de marketing têm o objectivo de avaliar o valor do cliente ao longo da vida, mas utilizam tantos atalhos que as suas conclusões são duvidosas.

O rastreio do valor do cliente ao longo da vida é mais difícil do que parece inicialmente, uma vez que os marqueteiros dependem de dois sistemas distintos para o rastreio do cliente, e estes sistemas normalmente não comunicam um com o outro. O primeiro sistema de rastreio é um pacote de análise da web, o mais popular dos quais é o Google Analytics.

O segundo sistema de rastreio é o sistema transaccional (tal como uma base de dados de comércio electrónico) que regista clientes e encomendas. Embora o pacote analítico online tenha informações sobre a origem dos clientes, o valor vitalício do cliente é tipicamente armazenado no sistema transaccional, o que constitui uma barreira.

Uma vez que os marqueteiros não compreendem como ligar o seu software analítico ao seu sistema transaccional, começam a tomar atalhos. O atalho mais frequente é obter um valor médio de vida útil do cliente do sistema transaccional e presumir que esse valor se aplica a todas as categorias de clientes.

Esta suposição significativa muitas vezes não se consegue manter quando se pode aceder a um valor genuíno de vida útil do cliente por segmento. A realidade é que certas partes gastam significativamente mais do que outras. Por conseguinte, é necessário procurar mais profundamente.

Ocasionalmente, os marqueteiros estimam o valor do cliente com base nas informações contidas nas Ad Words ou no Google Analytics (quando as capacidades de comércio electrónico estão activadas.) A questão com esta estratégia é que a Ad Words emprega um cookie de 30 dias, pelo que só se pode rastrear as despesas do consumidor durante os primeiros 30 dias após um utilizador clicar num anúncio. Isto é uma quantidade de tempo insuficiente para avaliar o valor de vida útil.

Existem dois métodos fundamentais para rastrear eficazmente o valor vitalício do cliente: transferir informação da fonte do cliente para o seu sistema transaccional ou extrair informação suficiente do seu pacote analítico para o comparar com o seu sistema transaccional. No primeiro caso, etiqueta cada campanha publicitária patrocinada com outros dados que definem a origem de um cliente.

Por exemplo, suponha que estamos a executar anúncios para o seu website. Em vez de colocar "http://YourURLHere.com/" para a página de destino ao configurar os anúncios, utilizamos "http://YourURLHere.com/?source=123", onde 123 representa a campanha publicitária.

O sistema transaccional deve então capturar "?source=123" e associar estes dados com o cliente correcto. Por outras palavras, quando um consumidor clica no anúncio, o utilizador armazena "123" na coluna da sua base de dados para esse cliente.

Se criou o seu sistema transaccional, esta modificação não é tipicamente difícil na maioria das plataformas. Dependendo da flexibilidade do seu sistema de transacção/e-comércio embalado, esta estratégia pode ou não ser aplicável.

Para além dos desafios de integração, esta estratégia tem outras vantagens e desvantagens. Uma vez que este sistema esteja operacional, é bastante simples gerar relatórios detalhando o rendimento global por campanha e o que os clientes compraram e quando. Isto porque todos os dados de segmentação e receitas residem num único local: os seus sistemas transaccionais.

No entanto, não tem o custo das suas campanhas nos sistemas transaccionais, pelo que ainda terá de os igualar. Contudo, esta é normalmente uma tarefa simples que pode ser concluída manualmente se não tiver muitas campanhas.

Esta estratégia funciona para campanhas publicitárias patrocinadas e outras estratégias onde pode controlar o URL (para anexar "?fonte=123" informação). Em determinadas circunstâncias, tais como a pesquisa livre, não é possível controlar o URL.

Consequentemente, não é possível calcular o ROI para todas as fontes utilizando este método. Embora estejamos principalmente interessados no ROI das campanhas publicitárias pagas, é sempre vantajoso conhecer o ROI do trabalho de SEO e de outros projectos de marketing.

O segundo método para rastrear o valor do cliente ao longo da vida é recolher dados suficientes do sistema de análise da web para determinar a origem dos clientes. Se estiver a utilizar o Google Analytics, deve activar as funcionalidades de comércio electrónico.

Após completar estes passos, pode gerar relatórios no Google Analytics que mostram os IDs das transacções por fonte do cliente. Por exemplo, pode-se seleccionar a área de E-Commerce, e o relatório de Transacções no Google Analytics. Pode então escolher um segmento ou utilizar a dimensão secundária para filtrar os resultados.

Tem agora uma lista de transacções organizadas pela sua fonte. Esta informação pode ser exportada do Google e importada para uma base de dados de relatórios do seu sistema transaccional, onde pode visualizar as compras subsequentes feitas pelos clientes de cada fonte.

Por outras palavras, o Google Analytics informa-o que a encomenda 1001 foi efectuada por um consumidor que chegou de uma determinada campanha. Pode agora aceder ao seu sistema transaccional para determinar que esse cliente fez subsequentemente as encomendas 1010 e 1011.

Para exportar dados do Google Analytics, é aconselhável utilizar um programa automatizado. Excellent Analytics é um suplemento do Excel que utiliza a API do Google Analytics para recuperar dados do Google Analytics. Esta estratégia requer algum esforço para ser implementada, mas é incrivelmente benéfica se a seguirmos.

Este segundo método aplica-se a quase todas as fontes de clientes, o que é um dos seus muitos benefícios. Quer saber quanto dinheiro é que os clientes de pesquisa orgânica gastam?

Não há problemas com este método. Pode tornar os dados tão granulares quanto desejar.

Por exemplo, é possível determinar o valor vitalício dos utilizadores que chegaram a uma determinada frase-chave através da pesquisa orgânica. O céu é essencialmente o limite quando se cortam e cortam dados de valor do cliente.

A seguinte parte dos termos de serviço para o Google Analytics deve ser tida em conta:

Não utilizará (e não permitirá a terceiros) o Serviço para localizar ou recolher informações pessoalmente identificáveis dos utilizadores da Internet. Também não (e não permitirá que terceiros associem quaisquer dados recolhidos do(s) Seu(s) sítio(s) web (ou do(s) sítio(s) web de terceiros) com quaisquer dados de identificação pessoal de qualquer fonte como parte da Sua utilização (ou da utilização de terceiros) do Serviço.

Não pretendo ser um advogado, mas é possível interpretar estes termos como uma violação dos termos de serviço do Google. Por outro lado, pode-se argumentar que o Google viola os seus termos de serviço ao exibir de forma proeminente o ID da transacção na sua interface, que é informação pessoalmente identificável.

Se estiver preocupado com os termos do Google, pode sempre utilizar uma ferramenta de análise da web diferente. Além disso, se agregar os dados por segmento de cliente e não por cliente individual, é provável que não esteja a violar a intenção desta secção. Deve fazer a determinação.

Os clientes visitam frequentemente muitas fontes antes de finalizarem uma compra. Antes de concluir uma compra, podem clicar em muitos esforços pagos, numa campanha de e-mail, e num link orgânico. "Independentemente da sua estratégia, deve considerar que os clientes não seguem um caminho directo de uma fonte para outra no seu website.

Que entidade recebe crédito para o cliente? Terá de determinar que regulamentos se aplicam. Muitas organizações com que lidei consideram a primeira fonte a "possuir" o cliente. Mesmo assim, elas reatribuirão a conta a outra fonte se o consumidor ficar inactivo durante um período prolongado (por exemplo, sem compras durante seis ou mais meses).

Se utilizar estes métodos para rastrear o valor vitalício do cliente, descobrirá que a sua tomada de decisão é significativamente melhorada. Pode agora medir a eficácia das suas operações de marketing em grande detalhe.

CAPÍTULO 9: PROPOSTAS DE VENDA ÚNICAS PARA O SEU NEGÓCIO EM TEMPOS DIFÍCEIS.

Uma recessão não precisa de causar problemas para o seu negócio. Mesmo em mercados prósperos, há altos e baixos para cada negócio.

Você e a sua organização estão devidamente preparados e equipados para enfrentar as exigências de uma economia suave ou dura?

Muitos empresários receiam a recessão económica e o risco de perder clientes, empregados, ou lucros. Acreditam que se a economia enfraquece, os clientes e os clientes reduziriam a escala dos projectos, deixariam de gastar e possivelmente até procurariam opções mais baratas por parte da concorrência.

Isto é verdade, mas apenas de forma limitada. Certamente, uma economia em abrandamento e um humor de consumidor desfavorável podem desafiar a sua organização ou permitir-lhe obter novos clientes e aumentar as suas vendas, adoptando técnicas que tenham o melhor desempenho num mercado em declínio e que sejam fantásticas para tempos de expansão do mercado.

Dependendo do seu sector, pode empregar diferentes técnicas para preservar e aumentar as suas vendas enquanto os seus concorrentes competem para sobreviver.

Os seguintes USPs (Unique Selling Propositions) estabelecem objectivos quantificáveis e identificam acções estratégicas críticas que o ajudarão a navegar eficazmente na sua empresa através de tempos económicos imprevisíveis enquanto outros lutam para sobreviver:

1. Utilize o período de silêncio para melhorar os fundamentos e os fundamentos da sua empresa.

Após uma longa operação, a sua empresa necessita de apertar os seus nós e parafusos e lubrificar as suas partes móveis para eliminar os guinchos. Comece pelo topo revendo e reafirmando os valores, visão e missão da sua organização. Assegure-se de que os seus empregados são levados a defender os valores da empresa, demonstrando uma clara consciência das questões empresariais e expressando a sua contribuição.

Alinhe os objectivos e valores da sua empresa com os incentivos e recompensas para os seus empregados. Distribua a informação em torno da organização para que os seus empregados possam demonstrar iniciativa. Envolva o seu pessoal na resolução de problemas e solicite as suas sugestões únicas para aumentar a rentabilidade, melhorar a eficiência e cortar despesas.

2: Pense melhor do que os concorrentes.

Pausa por um momento e faz a ti mesmo a seguinte pergunta: se o que eu vendo ou ofereço é substancialmente o mesmo que o dos meus concorrentes, o que preciso de ser diferente e superior de diferentes maneiras, incluindo o serviço ao cliente, marketing, promoção e vendas?

Para além da criatividade e inovação, a solução para esta questão reside em diferenciar favoravelmente a sua empresa da sua concorrência através de "liderança pensante" e engenho inspirador, que deve tornar-se uma segunda natureza para si e para a sua organização em tempos difíceis.

O seu objectivo final é destacar-se totalmente na mente dos seus clientes, implementando técnicas inovadoras de vendas e marketing para gerar Pontos de Brilho Únicos (USPs) que são exclusivos da sua empresa e da indústria. Por outras palavras, a sua empresa deve separar-se positivamente dos seus concorrentes ou perecer.

3: Reativar as pistas antigas.

Com um esforço de vendas mínimo, é possível converter os antigos leads em empresas produtivas.

Muitas pistas que abandonou no passado podem ser ressuscitadas e convertidas se persistir.

Em 2007, a investigação da Harvard School of Business indicou que a maioria dos vendedores, independentemente da indústria, desistiu demasiado cedo. 75% das vendas a empresas ou clientes são feitas na quinta chamada de vendas, e 25% dos vendedores fazem mais de três chamadas de vendas!

4. Fornecer um nível superior de serviço aos seus clientes.

Agarrar-se aos seus actuais clientes em tempos difíceis é como segurar fogo na sua mão; consequentemente, é essencial para a sobrevivência e longevidade da sua empresa.

Manter uma cultura de excelência no serviço de vendas, indo até ao fim, satisfazendo os clientes e oferecendo-lhes mais valor pelo seu dinheiro, é um método seguro para preservar o ímpeto da sua organização. Agora é a oportunidade de percorrer a outra milha, que pode ser a diferença entre simplesmente satisfazer os seus clientes e surpreendê-los.

5. Planear e executar um novo plano de marketing ousado.

Para evitar uma pausa no seu negócio, em primeiro lugar, deve comercializar contínua e activamente durante todo o ano e todas as semanas. Não apenas quando necessita de negócio. Um plano de marketing contínuo assegura um fluxo constante de novas oportunidades de negócio. O marketing realizado hoje inicia um ciclo de vendas que resultará em novos negócios quando precisar dele em seis meses.

6. Melhore o valor dos seus produtos ou serviços actuais.

Numa recessão, os compradores estão mais conscientes dos preços do que nunca. Por conseguinte, resolvem a sua preocupação, fornecendo-lhes o maior valor pelo seu dinheiro. Não há necessidade de "dar a loja" ou prestar um grau de serviço excessivo.

Os seus clientes verão uma pequena quantidade de outros esforços ou serviços como um ganho substancial de valor. Utilizar a tecnologia e os meios de comunicação social para estimular a expansão do negócio, melhorando ao mesmo tempo o serviço ao cliente, a comunicação, e o acompanhamento.

7: Seja optimista e entusiasmado.

Durante épocas de negócios lentas, deve permanecer optimista e evitar ser desanimado. As pessoas e os consumidores podem sentir a sua depressão se estiver deprimido, o que pode ter um impacto negativo nos seus negócios internos e externos.

Não perca a esperança; em vez disso, entusiasme-se, tenha fé nos seus empregados, nos seus produtos e serviços, e transmita esse espírito de paixão e fé aos seus empregados e consumidores.

Lembre-se de que não está sozinho porque, numa recessão do mercado, todos estão sob o mesmo guarda-chuva e experimentam as mesmas circunstâncias que você.

Procure a ajuda de um treinador e mentor profissional que o possa ajudar a abordar os seus pontos fortes e fracos, identificar a sua motivação interior e realinhar os seus esforços com o quadro mais amplo.

8: Abster-se de implementar quaisquer aumentos de preços programados.

Mesmo que se acredite que um aumento de preços é há muito esperado e que o merece, um declínio do negócio não é o momento ideal para implementar um. Ajuste os seus preços durante esta pausa temporária para se adequar a uma maior variedade de clientes.

9. Controlar indivíduos negativos e ineptos na sua organização.

As pessoas negativas podem prejudicar a sua realização, mesmo na maior das circunstâncias. Durante circunstâncias difíceis, a última coisa de que precisa é de um empregado negativo ou ineficaz que não partilhe os seus valores e cultura empresarial.

Como basta um funcionário inepto ou negativo para reter uma equipa inteira, deve controlar e lidar com estas situações com confiança e prontidão e despedir qualquer pessoa que não "compre" a cultura da sua empresa.

Resumindo, há períodos definidores em cada ciclo económico e em cada carreira empresarial que exigem acções extraordinárias à altura do desafio em causa. No entanto, os empresários tendem a perder de vista o panorama geral devido ao stress dos tempos difíceis.

Assegure-se de que você e a sua equipa recebem o treino adequado para se concentrarem em "voltar ao básico" e empurrar a sua equipa para o nível seguinte, onde todos são adeptos dos fundamentos e do básico.

Tenha em mente o quadro geral enquanto desenvolve as melhores tácticas, programas e serviços para aumentar as suas receitas, posicionar a sua empresa para um sucesso continuado e, mais importante ainda, separar verdadeiramente a sua organização dos seus concorrentes no mercado.

CAPÍTULO 10: COMO AUMENTAR A PERCEPÇÃO DO SEU VALOR POR PARTE DOS SEUS CLIENTES.

Na mente do cliente, existe uma equação matemática que só ele conhece: a equação das vantagens percebidas e dos custos percebidos. A solução para este cálculo é então comparada com outras compras "semelhantes" ou potenciais compras para determinar um valor. Lembre-se de que tudo isto está na mente do cliente.

Para observar esta ideia em acção, lembre-se da sua mais recente compra significativa.

Como decidiu comprar este produto específico?

Fez investigação?

O retalhista ou vendedor tinha apenas uma marca ou modelo, e "contentou-se" com ela por razões de urgência?

Ou é um lógico inabalável que não se compromete até ter o melhor negócio possível?

Embora apenas raspando a superfície, todas estas questões demonstram que as nossas decisões de compra são influenciadas por muitas funções sobrepostas e entrelaçadas dentro de nós, mas que, em última análise, dependem da nossa percepção de valor. Se virmos uma pechincha, compraremos. Mesmo que desejemos ou precisemos do artigo, não o compraremos se acreditarmos que não é um valor justo e que não há sentido de urgência.

Infelizmente, o valor do seu negócio não é o que considera ser, mas sim o que os seus consumidores o percebem ser.

Se for este o caso, que medidas deve tomar para garantir que acrescenta valor aos olhos do seu cliente? Pode ser tão fácil como dar outras informações ou tão complexo como prolongar o seu horário comercial. Qualquer que seja a resposta óptima, ela terá origem no feedback do cliente. Não se baseie apenas em dados demográficos e estudos de mercado.

Ainda que estas sejam peças essenciais de todo o quadro, confiar apenas nesta informação é a saída mais fácil. Ouça as queixas dos seus clientes através de inquéritos, chamadas de acompanhamento, interacções de serviço e funções de proximidade para antecipar e abordar as suas necessidades antes que estas se tornem um problema.

Quando conseguir aumentar o sentido do valor dos seus produtos e serviços por parte dos seus clientes, estes ficarão mais satisfeitos e mais dispostos a contar aos outros sobre o seu "excelente negócio".

Um valor inerente deverá acompanhar tudo o que fizer pelos seus clientes. A menos que o seu produto seja o melhor do seu tipo no mundo, deverá competir com outros que vendem produtos semelhantes. Talvez um de vós obtenha uma vantagem competitiva ao fornecer a maior selecção destas coisas.

Um concorrente pode encontrar uma vantagem comercial ao oferecer apenas em mercados seleccionados. Outros poderão ser capazes de subcotar a concorrência, fornecendo o preço mais baixo possível. No entanto, uma necessidade e valor está a ser negligenciada: a atenção de cada consumidor.

Quando os clientes demonstram interesse no seu produto ou serviço, eles estão, por extensão, a demonstrar interesse na sua empresa e em si. Há momentos no marketing na Internet em que um milhão de transacções pode ocorrer sem uma única ligação humana.

Por outro lado, pode receber centenas de milhares ou milhões de chamadas de clientes confusos em dias em que a própria tecnologia é defeituosa. Ao prestar um serviço excepcional nesta fase, fornece valor aos compradores do produto em que estão interessados, uma qualidade que possivelmente mais ninguém fornece.

Com que frequência foi obrigado a escolher entre produtos comparáveis com preços equivalentes?

Qual foi o factor decisivo?

O elemento humano pode ser o factor decisivo, mesmo que custe alguns outros dólares. Lembre-se que a maioria dos indivíduos estão dispostos a pagar um pouco mais para serem tratados de forma única.

Criar uma procura entre os consumidores é o cerne da venda. Exige que eles exijam os seus produtos e serviços. Precisam que eles queiram voltar repetidamente. Nos mercados incrivelmente competitivos de hoje, ter um produto excelente a um preço razoável é insuficiente. A vantagem virá do tradicional toque pessoal, mesmo no ambiente global e digital dos dias de hoje.

Assim que tiver gerado uma necessidade imperiosa dos artigos, começará a acrescentar valor aos seus consumidores, tratando-os com um pouco de cuidado extra - quanto lhe custa dizer Bom Dia a quem telefona, mesmo que saiba que quem telefona se vai queixar?

É completamente gratuito, mas o que é que oferece em troca? Talvez um cliente que telefonou para reclamar sobre um assunto menor saia com a sua reclamação resolvida, mercadoria em mãos, e um desconto enquanto permanece leal.

Salvou uma venda e quase garantiu outra venda com pouco mais do que um pouco de tempo, uma saudação agradável, e uma redução do preço de um produto. (O seu orçamento de marketing deve ser suficientemente adaptável para acomodar estas compras independentemente). Essencialmente, não gastou nada.

Especialmente quando todo o marketing, vendas e outras transacções são realizadas em linha, o elemento pessoal nos negócios é por vezes inexistente. Mesmo um e-mail a agradecer a um cliente por uma transacção passada e convidá-lo para um evento de vendas futuro é mais do que apenas uma boa ideia; é uma obrigação.

CAPÍTULO 11: PROMOVER SOBRE "BAIXO PREÇO" MAS "VALOR" É ESSENCIAL PARA O SUCESSO.

Embora um preço baixo aumente tipicamente o volume de vendas, se não conseguir reduzir o custo unitário simultaneamente, perde o lucro, e (as trombetas) os clientes que atrai através de um preço baixo irão muitas vezes desertar quando um concorrente oferece um preço ainda mais baixo. Se desejar manter o seu cliente actual, pode optar por promover o "Valor Acrescentado".

Na realidade, os artigos ou serviços de valor acrescentado muitas vezes obtêm um preço mais elevado que os compradores estão prontos a pagar do que aqueles com o preço mais baixo. Use os seguintes exemplos como inspiração para melhorar a equação de valor do seu negócio.

Acrescente Valor com "Serviço Sem Custo Extra": O veículo estava na garagem em pequenas reparações. Ao levantar o veículo, o cliente ficou encantado por ver que os tapetes tinham sido aspirados gratuitamente.

Anexado ao volante estava um cartão de visita que dizia: "Aspiramos sempre o interior como parte do nosso serviço de valor acrescentado". Ao aspirar os tapetes, a garagem trazia um sorriso ao rosto do cliente quase sem qualquer outro custo.

Acrescentar Valor com Velocidade: Alterações de vestuário no mesmo dia, expedição no mesmo dia, pedidos de empréstimo de cinco minutos, e copos no prazo de uma hora. Ligue quando estiver pronto para partir, e a sua encomenda estará à sua espera quando chegar.

O seu forno acabou de ser reparado, e o fornecedor fornece valor através de chamada para confirmar que o trabalho foi concluído correctamente.

Melhore o valor através da comunicação: Envie "Dicas úteis" relativamente à utilização do produto; crie um boletim informativo; agradeça aos clientes nos aniversários dos produtos (Uau! A idade do seu frigorífico é de dez anos! A florista lembra-lhe o aniversário da sua mãe, então porque iria a outro lado?

Acrescente Valor com Ambientação: Flores frescas na área de acolhimento; banheiros sem manchas; música apropriada; embalagens criativas e atraentes, etc. Uma menta foi apresentada graciosamente após o jantar (em vez de ser atirada para uma "tigela de agarrar").

Valor Acrescentado com Informação Extra - Adquiriram um equipamento, e enviam-nos por e-mail uma vez por mês durante anos com dicas, outras aplicações, ou formas inovadoras de desfrutar do seu investimento (não faz mal repetir as dicas mas não demasiadas vezes).

Não há limite para a lista de estratégias de valor acrescentado. Esta semana, desafio-o a si e à sua equipa a gerar uma lista de dez estratégias possíveis, a seleccionar a mais eficaz e a implementá-la.

O método mais simples e preguiçoso de publicidade é reduzir os preços. É de longe preferível conquistar as pessoas com mais valor; elas comprarão de bom grado de si se perceberem que receberam mais pelo seu dinheiro.

Com este método, pode criar satisfação imediata do cliente e aumentar significativamente o valor do seu produto.

Como comerciante da Internet, identificou previamente o sector do mercado e a procura do mercado. Tem um produto ou serviço para o qual estabeleceu um preço. Está preparado para o vender.

Mas espere...! Gostaria de multiplicar o valor do seu produto ou serviço muitas vezes, mas não quer que o seu potencial cliente sinta o beliscão quando o comprar porque, embora o valor do seu produto ou serviço possa ser multiplicado muitas vezes, o pagamento por ele permanece o mesmo!

Que anomalia!

Repita a leitura:

Mesmo que deseje multiplicar o valor do seu serviço ou produto por um montante significativo, o preço permanece o mesmo!

Nota a distinção?

Deixem-me dar-vos um exemplo.

A ideia é "transformar" o valor do seu produto ou serviço num "valor de produto ou serviço virtual".

Digamos que escrevi um popular livro electrónico intitulado "Como Encontrar a Esposa

Perfeita" e paguei $98,00 por cada cópia. Este é o preço de venda. Este é o preço de venda do ebook ou o preço actual no momento da venda.

Se em vez de vender o ebook por $98,00, desenvolvo um sistema de adesão em que o potencial comprador pode aderir como membro e receber 200 pontos de crédito por $98,00, tenho rapidamente acrescentado valor ao investimento de $98,00 do comprador.

Com os 200 pontos de crédito (que adquiriu por $98), pode adquirir o popular ebook e terá 102 pontos de crédito restantes para comprar-lhe produtos ou serviços adicionais.

Observar o que ocorre imediatamente:

Em troca de $98, a perspectiva recebeu um maior valor percebido em pontos de crédito.

Recebe o seu livro electrónico quente e crédito extra que pode utilizar para outras vendas backend e paga os mesmos $98,00.

Ao executar esta acção simples, satisfaz o cliente e prepara o cenário para futuras compras back end.

Considerar, por um momento, onde mais esta noção pode ser aplicada.

Pode ser integrado nas vossas campanhas de web marketing existentes? Esta noção tem aplicações ilimitadas em marketing offline e online e no mundo real, não virtual.

Contudo, quando aplicada às suas actividades de marketing online, oferece a flexibilidade necessária para melhorar o valor dos seus produtos e serviços sem incorrer em mais custos. Aumenta as receitas e produz o prazer imediato do cliente. Será que este conceito tem actualmente um lugar na sua estratégia de marketing online?

CAPÍTULO 12: COMO UM WEBSITE PODE AUMENTAR O VALOR DE UMA EMPRESA.

Devido às despesas de concepção de um website, uma pequena empresa pode dar pouca importância à sua presença online. Afinal de contas, há muitas despesas que podem parecer de maior importância.

As prioridades incluem inventário, equipamento, papelaria, e publicidade, mas sem um website, a empresa está a perder uma percentagem crescente de clientes que realizam pesquisas de produtos e serviços online.

Há muitas formas de recrutar novos clientes, incluindo listas telefónicas impressas, distribuição de folhetos, anúncios em jornais e revistas, referências de clientes existentes, distribuição de cartões de visita, pesquisas na Internet, e publicidade online.

Um website pode ajudar uma pequena empresa a atrair novos clientes e a aumentar as receitas das vendas. À medida que o número de lares com acesso à Internet aumenta, a procura de listas telefónicas de empresas impressas diminui. Pessoas de todas as idades realizam agora pesquisas em linha enquanto tentam comprar um artigo ou contratar uma pessoa de mão.

Antes de efectuarem uma compra, muitos utilizadores de computadores gostam de realizar pesquisas na Internet. Um website pode conter consideravelmente mais informações do que as que podem ser veiculadas num pequeno anúncio impresso. O website de uma empresa pode incluir informações sobre produtos, preços, especificações técnicas, disponibilidade de stock, escolhas de entrega e opiniões de clientes.

Para além da informação sobre produtos e serviços, outros elementos do website poderão atrair os visitantes a contactar uma empresa. Um formulário de contacto do cliente permite a qualquer pessoa introduzir o seu endereço de correio electrónico, número de telefone, e dados de consulta sete dias por semana e 24 horas por dia. Isto é de enorme utilidade para indivíduos ocupados que podem estar online tarde da noite quando as consultas telefónicas não estão disponíveis. Um mapa de localização ajudará os clientes na localização de locais de negócio.

Sinalização de veículos, cartões de visita, papel de carta impresso, e anúncios em jornais. Devido ao valor extra de ter um website, o URL pode ser colocado em todos os materiais publicitários. Isto encoraja os potenciais clientes a visitarem o website, fazerem uma encomenda online ou obterem informações suficientes para se informarem.

Depois de decidir que um website é um bom conceito, uma empresa poderia avaliar se possui a perícia, competências e tempo para construir as suas páginas web. Caso contrário, devem contactar um web designer e colocar as seguintes questões:

- O nome de domínio desejado existe?

- Quais são os seus preços? Pode haver um preço fixo por página, taxas anuais de registo de domínio, e taxas mensais de alojamento e administrativas.

- As páginas web serão optimizadas para motores de busca e, em caso afirmativo, existe outro custo?

- Quais são as escolhas para a actualização das páginas web?

- Qual é o número de endereços de correio electrónico incluídos?

- Será incluído um mapa da área?

- Será incluído um formulário para consultas de clientes?

- Quantas fotografias são permitidas?

Considerando o que é necessário num website empresarial, ajudará a comparar os preços dos web designers e ajudará uma empresa a maximizar os benefícios da sua presença na Internet.

CAPÍTULO 13: ESTRATÉGIA E FOCO NO CLIENTE.

O sucesso empresarial deve começar e terminar com o consumidor. O excedente do cliente é a diferença entre o que um cliente paga por um produto e o que pagaria pelo produto ou o "valor" do produto.

Nos seus esforços para fazer crescer os seus negócios, as organizações têm dificuldade em persuadir os clientes a escolher os seus produtos em vez dos dos seus concorrentes, a comprar mais de um produto se já o estão a utilizar, e a experimentar um novo produto.

Fundamentalmente, os clientes fazem as suas compras quando acreditam que o preço é razoável para o valor do produto. A estratégia empresarial preocupa-se em grande parte em criar valor para a empresa, o que é impossível sem criar valor para o cliente.

A estratégia e uma proposta de valor "apelativa" devem girar em torno das necessidades do cliente. Uma proposta de valor convincente pode ser mais competitiva do que a que recebem agora de um rival e/ou algo inteiramente novo onde não há concorrência.

O plano mais eficaz não nos permite necessariamente derrotar a oposição. Pode também ser o que permite à empresa evitar a concorrência directa e fornecer um valor mais elevado ao consumidor.

Uma estratégia para criar valor superior deve ser um processo em duas fases, começando com a formulação de uma proposta de valor superior com base num entendimento profundo das exigências do consumidor. O segundo passo consiste em construir um mecanismo eficaz e eficiente de entrega da proposta de valor.

Colocando o cliente em primeiro lugar, uma estratégia vencedora é formulada fazendo perguntas sobre os desejos do consumidor e tentando descobrir as verdadeiras motivações, objectivos e requisitos que os clientes procuram satisfazer ao adquirirem produtos e serviços. As melhores ofertas de produtos/serviços são aquelas em que o cliente vê um bom valor pelo preço pago, e a organização pode alcançar a margem de lucro desejada.

A criação de valor do cliente vem em primeiro lugar, seguida de uma resposta competitiva. Onde quer que haja uma oportunidade de lucro, aparecerão concorrentes. Para além de se concentrar no consumidor, uma estratégia vencedora deve abordar as actividades da empresa para contrariar potenciais respostas à concorrência e a posição de mercado que esta adoptará.

Muitas vezes, o tema da estratégia é apresentado como um sistema de gestão integrador centrado na orçamentação, declarações de visão, e indicadores de desempenho. Contudo, se a empresa não mantiver o foco no cliente e no mercado, todas as folhas de trabalho e PowerPoints não conduzirão ao sucesso.

"Valor Acrescentado" - Aquele Pequeno Algo Extra que Faz Toda a Diferença.

O que é que vende?

É o único vendedor deste produto?

Porque devo comprá-lo a si em oposição a outra pessoa?

A sério. porque é que as pessoas compram a si em vez de outra pessoa que oferece o mesmo produto? Se todos os outros factores forem iguais, a resposta é o preço, e ao competir no preço, ninguém ganha.

Se baixar o preço para competir com um rival, ele provavelmente fará o mesmo, e será a sua vez. É um círculo vicioso em que ninguém ganha, nem mesmo o consumidor, porque para reduzir os seus preços para competir, provavelmente terá de reduzir a qualidade do seu serviço.

A solução para a questão é desenvolver um "serviço de valor acrescentado" que o diferencie da concorrência.

Fornece uma garantia?

Fazem entregas?

Venderão encomendar novamente (em quantidades menores) ao mesmo preço que a encomenda inicial?

Oferecem transporte de cortesia?

As batatas fritas estão incluídas na sua refeição?

Compensam os clientes fiéis pelos seus negócios contínuos?

Tem um "cartão de comprador frequente?"

Encontre uma forma de se distinguir dos concorrentes, e será recompensado de forma generosa.

Um associado da indústria de pavimentos levaria os seus maiores clientes anualmente de férias. Quando ele me informou originalmente sobre o plano, perguntei-lhe como poderia dar-se ao luxo de fazer algo tão extremo. Ele respondeu que os seus clientes "estão dispostos a gastar mais porque sabem que vão ter uma viagem."

Qual é a sua proposta de venda única?

Considero constantemente os preços de transporte, transporte, e taxas de manuseamento quando faço encomendas online. Algumas empresas, por qualquer razão, exigem outros $5 a $10 como "taxa de manuseamento". Gerem os assuntos de forma diferente da sua concorrência (que apenas cobram pelo transporte).

Comecem por não me tentarem matar até à morte se quiserem "gerir" o meu dinheiro (e o negócio de dezenas de milhares de outros consumidores frugal). Se se quiser diferenciar, oferecer transporte gratuito é um começo simples.

E os seus clientes que regressam?

Tem algum plano especial para eles?

Está a fornecer-lhes um "Oh, sentiria falta se não conseguisse encontrar outra pessoa que" motivo para ficar consigo? Se não, localize um.

Envia cartões de Natal aos seus clientes?

E os cartões de aniversário?

Bem, o mesmo acontece com todos os outros! Enviam cartões de felicitações do Dia da Marmota aos vossos clientes? Não? Posso assegurar-vos que se recebessem um cartão de saudação do Dia da Marmota, lembrar-se-iam dele, e não é isso que desejam?

Encontre uma forma de oferecer valor ao seu produto ou serviço; não só se diferenciará da concorrência, como também dará às pessoas uma causa para comprar de si!

CAPÍTULO 14: FORMAS DE MELHORAR A EXPERIÊNCIA DOS SEUS CLIENTES.

Actualmente, as cadeias de restaurantes são semelhantes em muitos aspectos, desde a comida que servem até às técnicas de marketing que empregam para atrair mais consumidores. Algumas enfatizam os seus alimentos, enquanto outras concentram as suas estratégias de marketing na prestação de um serviço superior ao cliente.

O serviço básico ao cliente é um factor que muitas empresas alimentares negligenciam. Acreditam que os clientes continuarão a regressar e a ignorar o seu serviço se entregarem uma boa cozinha.

Clientes instruídos, que conhecem os seus direitos fundamentais e querem o maior valor pelo seu dinheiro, não ignoram considerações tão simples.

Simplesmente rotulados como serviços "extra mile", estes pequenos gestos deixam os consumidores satisfeitos e satisfeitos.

A atenção do pessoal é outro factor que encoraja os clientes a regressar. Enquanto alguns comensais levam o seu tempo a decidir sobre o menu, outros clientes preferem receber recomendações úteis, tais como as especialidades do restaurante, os favoritos perenes, e outros. Alguns consumidores gostam de atenção calma, enquanto outros desejam uma atenção viva e amigável.

Embora seja normal que um restaurante tenha alguém a cumprimentar os clientes na porta da frente, abrir-lhes as portas e conduzi-los a uma mesa vazia irá impressioná-los. No entanto, dar-lhes um lugar perfeito na área de jantar, como uma vista deslumbrante do pôr-do-sol, vai fazê-los sentir-se ainda mais especiais.

Enquanto esperam pela refeição principal, a oferta de aperitivos complementares mostra que os donos de restaurantes estão interessados em maximizar os ganhos e estabelecer uma ligação agradável e mutuamente benéfica com os seus clientes. Um modesto prato de pão de alho ou amêndoas e similares não prejudica a carteira do empresário, e os sorrisos pintados nos rostos das crianças são inigualáveis e inestimáveis.

Os gerentes ou donos de restaurantes ocasionalmente comprometem-se com os clientes habituais e endereçam-nos pelo nome, promovendo uma relação mais calorosa e pessoal que não se concentre apenas numa relação lucrativa cliente-empresa.

A atenção às suas exigências é o factor essencial, uma vez que os clientes têm uma vasta gama de desejos que alguém com um grande olho para detalhes minuciosos só pode perceber.

Os clientes têm diferentes humores e atitudes, preferências e caprichos. Ainda assim, uma compreensão básica do serviço ao cliente e dos diferentes tipos de clientes orientará os proprietários de restaurantes, gestores, e toda a equipa a lidar com eles da forma mais eficaz no momento mais adequado.

Escolha apenas os melhores mantimentos para restaurantes, pois o jantar deve ser sempre um banquete para a língua e para os olhos. Os fornecimentos e equipamentos de restauração de classe mundial estão acessíveis online, sete dias por semana e 24 horas por dia, para que não tenha de ir longe para satisfazer as necessidades do seu restaurante.

Como pode aumentar o seu valor?

1. Seja específico em relação à sua oferta.

Antes de contribuir com outros valores, deve estar consciente do seu valor e dos seus talentos e dons naturais. Responda a estas questões. "Que esperam os meus clientes ideais beneficiar do meu trabalho comigo?" "Como é que a minha personalidade, propósito, e capacidades se distinguem?"

Como posso efectivamente aproveitar os meus pontos fortes para proporcionar os benefícios desejados pelos meus clientes alvo?

2. Seja Brilhante Onde Você Está.

Utilize as suas capacidades especiais para transmitir as recompensas que os clientes desejam. Se é inspirador, então seja inspirador. Se for específico, seja específico e dê-lhes o que eles desejam. Os clientes compram-no como parte de um pacote, por isso, seja confiante na sua autenticidade. Eles vão adorá-lo.

3. Ver O Futuro.

Pergunte a potenciais interessados sobre os seus desejos. Participar na sua visão. Uma vez que tenha determinado que este é um ajuste adequado, explique porque é um candidato ideal. Pinte para eles um quadro do que observa. Emocione-se com a possibilidade de colaboração e co-criação do seu sonho! Se eles o aborrecerem, encaminhe-os para outra pessoa.

4. Doe Mais do que Recebe.

Acrescente outro valor para o puro prazer de dar! Ultrapassar sempre o valor acordado. Fornecer informação, ferramentas, recursos e recomendações. Torne-se um recurso para os seus clientes e potenciais clientes. Eles cantarão os seus louvores.

5. Seja Feliz.

Sempre e só, DESFRUTE-SE! A alegria é contagiosa, e os clientes gostam da companhia de indivíduos felizes e entusiásticos. Lembre-se de que quanto mais valor contribuir para o mundo, mais receberá em troca.

Quando todos doarem do coração, o mundo será transformado!

Crie riquezas para os outros, sendo simplesmente (e efectivamente) você mesmo.

CAPÍTULO 15: DICAS PARA ACRESCENTAR VALOR EXTRA AOS SEUS CLIENTES.

Pode fornecer outro valor se criar um negócio e quiser atrair mais clientes. Em vez de se concentrar no que deseja dos clientes actuais e potenciais, enfatize o valor que lhes pode proporcionar.

Quando as mulheres visitam o balcão de cosméticos de uma loja de departamentos ou têm um rosto, adoram receber pequenas amostras de presentes de artigos. O mesmo se aplica aos seus clientes. Elas gostam de receber pequenas "amostras" ou extras. Ajuda-as a sentirem-se especiais e acarinhadas.

Que artigos simples, agradáveis e fáceis de criar poderia dar aos seus clientes que teriam um impacto significativo? As possibilidades são ilimitadas se usar a sua imaginação! Exemplos incluem um boletim informativo, um artigo ou lista de dicas, uma lista de verificação ou questionário, uma pequena quantidade de outras vezes, uma referência, um convite para o seu seminário, um marcador de livro, ou um jornal artesanal.

Newsletters, artigos, e Dicas.

Acredito que as newsletters são o método mais eficaz para estabelecer relações com potenciais clientes. Ao longo do tempo, as pessoas vêm a conhecer, a confiar em si e estão dispostas a conduzir negócios consigo.

De acordo com especialistas em marketing, as pessoas devem ver ou ouvir o seu nome ou serviços pelo menos sete vezes antes de estarem dispostas a comprar-lhe. Um boletim informativo é uma óptima forma de manter o contacto e fornecer valor simultaneamente.

Os boletins informativos por e-mail estão agora generalizados, e com a tecnologia actual, são simples e baratos. Não precisa de escrever um longo artigo; pode começar com uma simples lista de sugestões.

Listas de verificação e Quizzes.

Criar listas de verificação e questionários personalizados para os meus clientes tem sido agradável. As pessoas gostam de responder a 20 perguntas com "sim/não" ou "numa escala de uma a dez respostas". Estes são simples de criar para os seus clientes, que neles encontrarão grande valor.

Pergunte-se: "Quais são as dez melhores coisas que os meus clientes querem, e quais são os dez melhores problemas que enfrentam"? Crie uma lista que combine as necessidades e os obstáculos e tenha uma avaliação simples e personalizada, pronta a fazer.

Dependendo do seu cliente, o título poderia ser "É muito saudável como poderia ser?" ou "A sua vida está em harmonia?". Ou, "Possui as qualidades de um empresário de sucesso?" Tem o conceito.

Tempo Extra.

Ofereça a um cliente que experimente dificuldades excepcionais mais 10 a 15 minutos do seu tempo. Informe-os de que lhes está a conceder outro tempo, para que não o esperem sempre, ou verifique com eles por telefone ou e-mail entre sessões para determinar o seu progresso.

Eles apreciarão muito o seu interesse, e isso não exigirá muito do seu tempo. Além disso, é óptimo oferecer-lhes um pouco de tempo extra, um e-mail, ou uma nota manuscrita para celebrar o seu sucesso.

Recomendação à sua rede.

A sua estratégia de marketing para o crescimento do seu negócio deve incluir a expansão da sua rede e base de dados. Pode alavancar a sua rede actuando como um recurso para os seus clientes e encaminhando-os para indivíduos que fornecem os seus serviços necessários. O seu cliente pode mencionar que precisa de um bom contabilista ou que teve dores nas costas depois de jogar ténis e que está à procura de um bom quiroprático.

Aqui está a sua oportunidade de recomendar os profissionais que conhece. O seu cliente dará grande valor ao facto de ter uma extensa rede de contactos pessoais. É aconselhável fornecer vários nomes para que possam escolher com quem trabalhar de forma independente.

Um pedido para assistir ao seu seminário.

Convide clientes para os seus seminários e workshops gratuitamente ou a um preço com desconto. Informe os clientes de que serão os primeiros a saber das suas próximas palestras e seminários. As pessoas sentir-se-ão como se estivessem no seu "círculo interior" se forem as primeiras a saber.

Ofereça-lhes um incentivo ou uma taxa de referência por trazerem um amigo ou colega, tal como um desconto de 20% para cada pessoa que referirem e que se registar. Se trouxerem cinco convidados, receberão entrada gratuita. Oferece-lhes um incentivo e ajuda-os a preencher a sua oficina. Pode ser o melhor dinheiro que alguma vez gastará em publicidade do seu negócio, e é gratuito.

Sentir-se-á melhor quando fornecer consistentemente outros valores aos seus clientes, e o seu negócio irá crescer rapidamente!

CONCLUSÃO.

A criação de valor excepcional para o cliente é essencial para determinar o sucesso de uma empresa. Não importa quanto cobra, os seus consumidores querem sentir que estão a receber o melhor valor pelo seu tempo e dinheiro. Mais ainda, eles querem acreditar que os gratuitos que lhes fornece são de valor excepcional.

Ao melhorar o valor dos seus produtos e serviços, pode simultaneamente aumentar os preços que cobra por eles e os seus ganhos. Aqui estão algumas sugestões para estabelecer e aumentar o valor dos seus produtos e serviços para os seus clientes:

Exceda sempre as expectativas dos seus clientes: Ao exceder as expectativas normais dos seus clientes, melhorará significativamente o valor que eles consideram ter-lhe sido fornecido. Quanto mais valiosos os seus clientes o virem e a sua empresa a ser, maior será a qualidade da informação ou do trabalho que lhes fornece.

Não seja como todos os outros: Seja único. Muitos mercados estão saturados com produtos e serviços idênticos, com pouca ou nenhuma diferenciação em relação à concorrência.

Há muitas formas de se diferenciar dos seus concorrentes. Pode embalar os seus produtos de forma diferente da dos concorrentes. Pode conceber uma estratégia de vendas que não seja a mesma que a de todos os outros.

Há muitas formas de se distinguir do rebanho. Pode conceber produtos de informação para aparecerem de forma diferente dos dos seus concorrentes. Pode garantir que o seu sistema de vendas é simples e de fácil utilização.

Um número desproporcionado de empresas em todos os campos não se preocupa com o serviço ao cliente. Desde que tenha adquirido o seu produto, eles não têm interesse em saber se teve ou não uma experiência positiva com a sua empresa.

Os clientes gostam de fazer negócios com empresas que prestam um serviço de atendimento ao cliente superior. A boa notícia é que pode beneficiar disto. Isso proporciona-lhe a capacidade de fornecer o serviço excelente ao cliente que falta. Pode aumentar significativamente o valor percebido dos seus produtos e serviços na mente dos seus clientes. Preste sempre, sempre, um excelente serviço ao cliente!

O estabelecimento de relações é a essência do negócio. Os seus clientes e clientes valorizam as relações a longo prazo. A sua empresa torna-se mais do que um mero lugar de compra de bens, ao fazê-lo. Torna-se um valioso amigo e conselheiro a quem eles se podem dirigir com perguntas e problemas. Se fornecer isto de forma consistente, terá clientes fiéis para toda a vida.

Acrescentar valor extra: Este parece evidente com base no título do artigo. Se você e o seu concorrente oferecerem o mesmo produto ao mesmo preço, deverá perguntar a si mesmo porque é que um cliente decidiria comprar-lhe em vez do seu concorrente.

A menos que acrescente mais valor à transacção, tal como um serviço pós-venda superior ou prazos de devolução mais longos do que os seus concorrentes, o cliente não verá a sua empresa de forma diferente dos outros.

O fornecimento de valor excepcional ao cliente distinguirá a sua empresa da concorrência! Hoje em dia, a concorrência é dura e brutal, e deve oferecer a si próprio todas as vantagens possíveis para ganhar na sua indústria.

Habilidades de Gestão para Gestores.

1. Gestão do Tempo para Gestores
2. Coaching de Gestores para Empregados
3. Formação de Equipas para Gestores
4. Autoconfiança para os Gestores
5. Habilidades de Negociação para Gestores
6. Habilidades de Serviço ao Cliente para Gestores
7. Assertividade para os Gestores
8. Etiqueta Empresarial para Gestores
9. Habilidades de Audição para Gestores
10. Habilidades de Liderança para Gestores
11. Habilidades de Comunicação para Gestores
12. Habilidades de Apresentação para Gestores
13. Gestão de Stress para Gestores
14. Tomada de decisões para os Gestores
15. Gestão de Conflitos para Gestores.

Série: Liberdade financeira em qualquer idade.

- ➢ Alcançar a liberdade financeira na casa dos 20
- ➢ Alcançar a liberdade financeira na casa dos 30
- ➢ Alcançar a liberdade financeira na casa dos 40
- ➢ Alcançar a liberdade financeira na casa dos 50
- ➢ Alcançar a liberdade financeira na década de 60
- ➢ Alcançar a Liberdade Financeira na década de 70 e mais além.
- ➢ Alcançar a Liberdade Financeira nas crianças
- ➢ Alcançar a liberdade financeira nos adolescentes
- ➢ Alcançar a Liberdade Financeira nos estudantes universitários.

> Esquemas financeiros a ter em conta na reforma.

Série: Finanças pessoais para si.
> Compra e Venda de Cripto para Principiantes
> Porque Investir em Acções de Dividendos Faz Sentido.

Série: Riqueza 2022.

> Empreendedorismo Online.
> Iniciar o seu próprio negócio
> Gestão da Riqueza
> Rendimento Passivo.
> 12 Passos para iniciar o seu próprio negócio.

Série: Excelente Serviço ao Cliente.
> Excelente serviço ao cliente no retalho
> Excelente Serviço ao Cliente em Fast Food
> Excelente serviço ao cliente no Restaurante Full-Service
> Excelente Serviço ao Cliente no Ensino.
> Excelente Serviço de Apoio ao Cliente em Imobiliário
> Excelente serviço ao cliente num Call Center

- Excelente Serviço de Atendimento ao Cliente como Recepcionista
- Excelente Serviço de Atendimento ao Cliente num Hotel
- Excelente Serviço ao Cliente na Venda
- Excelente serviço ao cliente Não importa a situação.
- Excelente Serviço ao Cliente no Consultório Dentário
- Excelente Serviço ao Cliente no Consultório Médico.

Série: Dinheiro rápido.

- Dinheiro rápido numa semana
- Dinheiro rápido num fim-de-semana
- Dinheiro rápido num mês
- Dinheiro rápido para estudantes.

Série: Como Promover.

- Como promover o seu livro de receitas
- Como promover o seu livro infantil.

Outros livros de D.K. Hawkins.

- Como fazer o seu negócio prosperar durante uma recessão
- Criação de Valor Excedente para os Clientes

➢ Reconhecimento de oportunidades para aumentar o fluxo de caixa.

Autor Bio

D.K. Hawkins. D.K. gosta de ler livros pessoais de negócios, bem como de passar tempo ao ar livre. Mais livros virão nesta colecção, por isso, por favor siga na Amazon para mais livros.

Obrigado pela sua compra deste livro.

Sinceramente, aprecio-o e aprecio-o a si, meu excelente cliente.

Deus vos abençoe.

D.K. Hawkins.

www.ingramcontent.com/pod-product-compliance
Lightning Source LLC
Chambersburg PA
CBHW050005230526
45465CB00003BB/1273